……了精通繪……雕刻功力更是一流。

被譽為「文藝復興最傑出畫家」的拉斐爾。

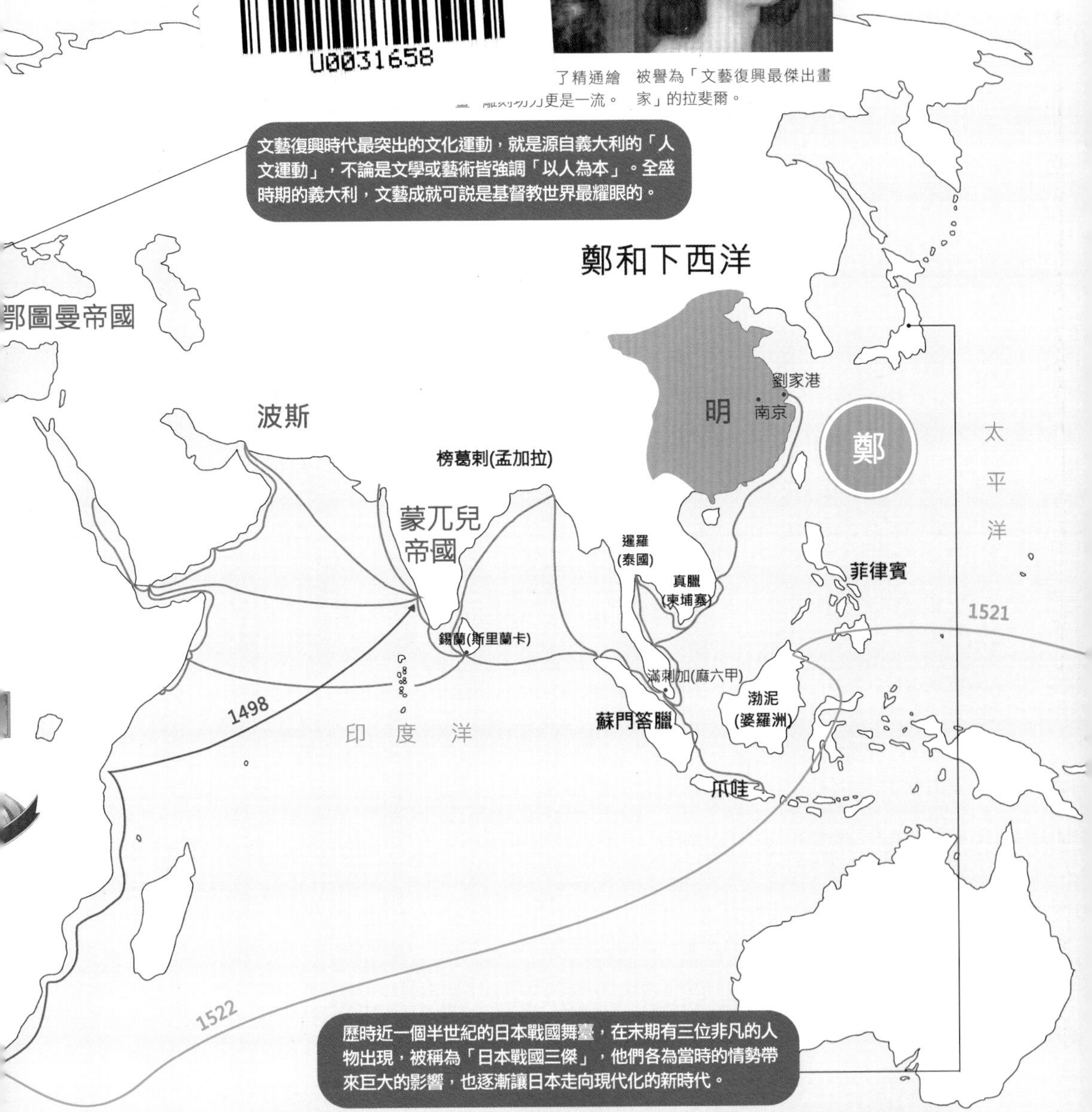

文藝復興時代最突出的文化運動，就是源自義大利的「人文運動」，不論是文學或藝術皆強調「以人為本」。全盛時期的義大利，文藝成就可說是基督教世界最耀眼的。

歷時近一個半世紀的日本戰國舞臺，在末期有三位非凡的人物出現，被稱為「日本戰國三傑」，他們各為當時的情勢帶來巨大的影響，也逐漸讓日本走向現代化的新時代。

日本戰國末期叱吒風雲的織田信長，差一點就一統天下。

豐臣秀吉成為織田信長的實質接班人，統一了日本。

德川家康後來崛起，在江戶開創幕府，終結了戰國時代。

2.（　）舉世聞名的畫作《蒙娜麗莎的微笑》和《最後的晚餐》，作者是全才型藝術家達文西。

3.（　）耶穌會傳教士在十六、十七世紀來到中國，致力於東西方的文化交流，例如何人就曾與徐光啟聯合翻譯《幾何原本》？(A)湯若望(B)南懷仁(C)利瑪竇(D)羅耀拉

4.（　）「本能寺之變」是日本歷史上最大、也是最有名的一次政變，請問這樁謀反事件導致何人自殺身亡？(A)織田信長(B)德川家康(C)豐臣秀吉(D)明智光秀

〔進階素養題〕

● 十六世紀羅馬教會的腐化情況嚴重，教士們素質低落，未能遵奉「安貧、貞潔、服從」的神職人員大有人在，例如教宗亞歷山大六世擁有「天妻」數名，還生養子女八人，不惜以權勢為子女取得封建領地；教宗利奧十世則是出售教職多達兩千多次，以此籌集鉅款供其使用；至於地方上的主教積聚私產，進而生活奢靡的現象，就更令人痛心疾首。

5. 宗教改革運動的爆發原因很多，除了教會的腐化，還有哪些現象讓人覺得改革勢在必行？

6. 都鐸王朝的亨利八世去世後，他的子女繼位順序如何，因為這關係到不同教派的延續，請試行說明其演變。

● 鄭和遠航時，為了不讓大家在漫長的途中太過無聊，還準備了畫具和圍棋；他也關注船員的健康，尤其是人體所需的維生素極為重要，但哥倫布或是麥哲倫等人對此卻毫無見解，所以歐洲人在航行途中，非常容易罹患敗血症。那麼，鄭和如何為船員補充蔬果及維生素呢？原來他在出發前先準備了綠豆、黃豆，只需少許清水，就可以在船上孵育出新鮮豆芽，豆芽交纏在易碎器皿的底部，還可以有保固的作用，真是一舉兩得的巧思啊！

7. 本卷介紹了鄭和和哥倫布、麥哲倫等人的航海規模，請你做個簡單的分析比較。

8. 哥倫布在一四九二年登陸的地點，是中美洲的巴拿馬群島，返回西班牙時受到英雄式的歡迎，可是他始終沒發覺這裡是美洲，你知道他當時的說法為何嗎？

解答：**1.** ○ **2.** ○ **3.** C **4.** A **5.** 參見第80～81頁 **6.** 參見第89～90頁 **7.** 參見第106～116頁 **8.** 參見第114頁

善其事，必先利其器」，中國的羅盤經由阿拉伯人傳入歐洲，給予勇敢的航海冒險家方向指引，造就了哥倫布、麥哲倫等人的驚人成就。

那麼，既然中國早已擁有羅盤，是否也有海外探險活動呢？當然有的！而且時間比哥倫布發現美洲新大陸更早，那就是明成祖所派遣的鄭和船隊。

同樣是航向不可預知的遠方，鄭和和哥倫布的規模可謂是天壤之別。管老師做了一個「東、西方大ＰＫ」：鄭和出發的時間點領先哥倫布八十多年，船隊成員兩萬多人，他自身兼具外交和軍事才幹，是個大智大勇的人物，七下西洋的二十八年間，鄭和宣揚國威、傳播中華文化，也奠定大明王朝和南洋、印度洋許多國家的友好關係；反觀哥倫布的始航只有三艘船、八十多人相隨，而且他的個性貪婪殘暴，間接導致日後美洲印第安文明的毀滅。

對於這種劃時代的轉變，管老師把美洲稱為「第二個歐洲」，海權時代亦即帝國主義的開始，西歐致力於航海事業的國家，以壟斷通商貿易路線和掠奪殖民地為手段，做為強化國力的方式，他們取代了過去地中海國家的地位，朝向大海蜂擁而出，包括臺灣在內，十七世紀時也曾受到荷蘭和西班牙的統治。

歐洲的殖民者把臺灣視為「一頭好乳牛」，此時西班牙又把目標瞄準到東亞的日本，但是這個時期的日本正值「鎖國時期」，除了開放長崎為唯一的通商口岸，全國處於不與外界接觸的封閉態勢。其中原因，就要說到日本的「戰國三傑」了，管老師會一一介紹織田信長、豐臣秀吉和德川家康的奮鬥人生。如果你想了解武士道精神和幕藩體制，就請你細細品味這一卷的精采內容。

【知識競技場】

本卷引導我們學習歐洲歷史的大事：文藝復興以及宗教改革，你可以透過以下題目預先了解本卷重點，也可以等看完全卷後，再回來大顯身手吧！

〔基礎是非選擇題〕

1.（　）「聖女貞德」的故事發生在「英法百年戰爭」時期，她的英勇作為提振了法國的民心士氣。

葡萄牙航海家達伽馬成功到達印度，東西海路完全打通。

哥倫布向西航行，意外「發現」新大陸：美洲。

麥哲倫與他的船員完成了有史以來第一次環球航行。

西元 15 世紀時，基督教世界已經擁有了整個歐洲，於是各國開始嚮往海洋另一邊的世界，走出原本的舊地域，找尋擴展的機會，正式開啟了「地理大發現」的序幕。

【歷史教室】卷6

曹若梅
臺北市明湖國中歷史老師
歷史類電視節目與談學者

「王子和公主從此過著幸福快樂的日子……」多麼令人悠然嚮往的 Happy Ending。十六世紀的英國王儲亨利王子，迎娶歐洲強國西班牙公主凱薩琳的天作之合，結局竟然是兩人不歡而散，兩國彼此交惡，甚至牽連到羅馬教廷，如此跌宕起伏的過程，這是怎麼一回事？

管家琪老師在本卷的第二章第五節「宗教改革運動」，將細說從頭。原來新教教派之一的英國國教派，創教者就是這位亨利王子，他在西元一五〇九年即位，是為都鐸王朝的亨利八世。

亨利八世和妻子凱薩琳的關係不睦，之後還為了一樁婚外情，國王堅持休妻而與教宗決裂，身為王后的凱薩琳被迫離異，一個新的教派「英國國教派」因而產生。各位是不是對於凱薩琳王后的遭遇充滿同情呢？沒錯，他們十八年的婚姻如此收場；不過，那位年輕貌美的新歡下場更慘，請你在這個篇章中一探究竟。

亨利八世求子心切，不料新寵卻生下公主，這位公主就是大名鼎鼎的伊莉莎白一世，她執政的四十五年期間，締造英國成為海上霸主。

宗教改革堪稱是歐洲的大事，若要追溯原因自然是錯綜複雜。管老師分析發現，發生在十四到十六世紀的文藝復興，也發揮了一定的影響力：因為文藝復興的核心思想是人文主義，也就是反對中古時期封建教會所鼓吹的「以神為本」，進而主張「以人為本」，肯定人的價值與尊嚴，於是對教會造成極大的衝擊，也加深了人們的質疑。

說到文藝復興的起源和性質，管老師先將其定義為「文藝復興時代」，指出其中的關鍵，在於涵蓋了整個歐洲的思想與文化，可說是西洋史上一個重要變遷的大時代。這種論述架構出讀者全面且深度的認知，因為文藝復興不是一個單一事件，它本就是一個嶄新時代的開始。

話說，雖然這是歐洲的重要事件，但是和中國歷史並不無關聯，因為起源於中國的造紙術和印刷術，對於文藝復興期間的文學和藝術創作，都有著強烈的推動力量，許多曠世巨作因而流傳不朽。甚至我們也可以說，十五世紀西、葡等國之所以展開地理大發現，進而促使統治範圍的擴張，這也是得力於中國的科技發明，因為「工欲

時間	事件
西元 1189 年 ………	神聖羅馬帝國皇帝腓特烈一世親自率軍響應十字軍，途經君士坦丁堡，東西羅馬皇帝史上第一次、也是最後一次會面。
西元 1204 年 ………	第四次十字軍東征時，十字軍攻陷君士坦丁堡。
西元 1254 ～ 1273 年	日耳曼陷入「無政府狀態」，稱為「大空位時期」。
西元 1261 年 ………	十字軍的拉丁帝國被推翻，東羅馬帝國再度復國。
西元 1273 年 ………	哈布斯堡家族中的魯道夫一世被選為日耳曼王，開啟了「哈布斯堡王朝」。
西元 1305 年 ………	法王腓力四世開始推動聖殿武士團解散運動，逐步控制教會力量。
西元 1309 年 ………	羅馬教宗離開羅馬，開始定居法國南部的亞維儂，開啟「亞維儂教廷」。
西元 1337 年 ………	英王愛德華三世向法王腓力六世發動了戰爭「英法百年戰爭」。
西元 1347 年 ………	「英法百年戰爭」因黑死病席捲歐洲，停戰十年。
西元 1367 年 ………	教宗烏爾班五世決定重返羅馬，之後卻又藉口出逃。
西元 1377 年 ………	教宗格列哥里十一世帶領教廷還都羅馬，正式結束了七十年的流亡。
西元 1378 年 ………	教宗格列哥里十一世去世，亞維儂教廷正式終止。
西元 1378 ～ 1417 年	西方教會大分裂。
西元 1405 ～ 1433 年	鄭和七次下西洋。
西元 1409 年 ………	「比薩大公會議」。
西元 1414 ～ 1417 年	「康士坦茲會議」，西方教會大分裂結束。
西元 1429 年 ………	貞德帶領法軍解了奧爾良之圍，被稱為「奧爾良的少女」。同年幫助法王查理七世在理姆斯大教堂行加冕禮，法國士氣大增。
西元 1431 年 ………	貞德以異端罪被處以火刑，年僅十九歲。
西元 1438 年 ………	「非拉拉 - 佛羅倫斯大公會議」。
西元 1438 年 ………	法王查理七世公布「布赫吉是詔令」。
西元 1439 年 ………	東西教會簽定「合一法案」，在文字上完成了合一。
西元 1453 年 ………	英軍被法軍的精銳火炮部隊擊敗，「英法百年戰爭」正式結束。
西元 1453 年 ………	鄂圖曼帝國滅了東羅馬帝國，定都君士坦丁堡，改名為「伊斯坦堡」。
西元 1455 ～ 1485 年	英國三十年內戰，貴族展開「玫瑰戰爭」（又稱「薔薇戰爭」）。
西元 1488 年 ………	狄亞士發現了非洲最南端的岬甲，稱為「風暴角」，後被國王改為「好望角」。
西元 1492 年 ………	哥倫布自西班牙啟航，開始向西航行的海上探險。同年 10 月登陸巴拿馬群島中的瓦特林島，並將之命名為「聖薩爾瓦多島」。
西元 1497 年 ………	達伽馬從里斯本出發到達印度，打通東西海路，葡萄牙開始經營其海上商業帝國。
西元 1508 ～ 1512 年	米開朗基羅於西斯汀教堂創作天頂壁畫《創世紀》，是世界上最大的壁畫。
西元 1516 年 ………	羅馬教宗與法王簽定《波隆納條約》，批准「布赫吉是詔令」，法國教會合法成為國王的附庸組織。
西元 1517 年 ………	馬丁路德將《九十五條論綱》張貼在威登堡教堂門前，開啟「宗教改革」。
西元 1519 ～ 1522 年	麥哲倫及其同伴完成了有史以來第一次環球航行。
西元 1520 年 ………	路德新教派傳入北歐地區，爾後再傳向歐洲以外的地方。
西元 1532 年 ………	馬基維利的著作《君主論》出版，成為近代政治學經典。
西元 1534 年 ………	教宗保祿三世即位，推動公教改革運動。同年，西班牙人羅耀拉成立「耶穌會」。
西元 1545 年 ………	教宗保祿三世召集「特倫特集會」。
西元 1547 年 ………	英王亨利八世去世，由其子愛德華六世繼位。
西元 1553 年 ………	英王愛德華六世去世，由姊姊瑪麗一世繼位，決心恢復天主教，迫害新教徒。
西元 1554 年 ………	英國女王瑪麗一世與西班牙國王菲利普二世政治聯姻，共同執政。
西元 1558 年 ………	英國女王瑪麗一世去世，由妹妹伊莉莎白一世繼位，恢復英國國教。
西元 1580 年 ………	西班牙的菲利普二世強行併吞了葡萄牙，葡萄牙從此與西班牙共戴一君。
西元 1582 年 ………	織田信長推翻室町幕府。同年，他的家臣明智光秀叛變，織田信長自盡，史稱「本能寺之變」。
西元 1598 年 ………	織田信長的接班人，豐臣秀吉病逝。隨後他的家臣分裂，由德川家康取得勝利。
西元 1603 年 ………	德川家康受封為「征夷大將軍」，在江戶開創幕府，「江戶時代」開始。

少年愛讀世界史

6 文藝復興時代

米開朗基羅的時代

管家琪——著

總序

為什麼我們要讀世界史？

管家琪

也許你會遇上這樣一個朋友：她特別好強，成績一直名列前茅，對自己和周圍的人都有些苛刻，可是對小動物和大自然卻有著純粹的愛心。也許你會好奇，她的家是什麼樣子？她的爸爸媽媽是做什麼的？又是怎麼教育她的？為什麼她會在如此熱愛大自然的同時，對人似乎總是不大友善。

也許你又遇上另一個朋友：他比較文靜，平時很少主動說話，下課時間總是趴在桌上睡覺，你知道他住得挺遠，放學後總是一個人坐著公車離開。也許你會好奇，為什麼他會到這麼遠的地方來上學？當初這是他爸爸媽媽還是他自己的意思？現在他們全家又是怎麼看待這個決定的？

也許你還遇上一種朋友：她為人隨和，很少和大家在一起哄鬧，也很少有什麼強烈的意見，從來不會刻意要求什麼，身邊總有幾個朋友，但是真正算得上深交的好像又沒幾個。也許你會好奇，她的過去是什麼樣子？在她的成長之路上有沒有發生過什麼特別的事？為什麼她似乎總是很難真正對別人敞開心扉，似乎總是與人保持著一定的距離？

如果我們不了解一個人的成長背景，包括生活的經歷，便無法明白一個人為什麼會成為現在這個模樣。單獨一個人是如此，由許多人所組成的社會、民族、國家，以及文明，也是如此。

這個世界在我們到來之前，已經存在了很長很長的時間。各個民族與文化，在不同的地理環境中，自然而然的成長，經歷過不同的世事變遷，孕育著他們各自對世界的理解，然後漸漸成為我們今天所認識的各個國家。過去的人，他們所經歷的過去事，透過文物證據與文獻記載所留下的寶貴資料，再經由後人的發掘、考證與解讀，就成了我們今天所看到的歷史。

總之，如果不了解歷史，我們便無法明白世界為什麼會成為現在這個模樣；而如果不了解世界現在的模樣，我們便難以給這個世界塑造一個更理想的未來。

這套【少年愛讀世界史】所講述的範圍是整個世界，而不是某一個地區、民族或國家。在西元二十世紀六十年代以前，以個別民族國家作為歷史研究的單元（比如說中國史、英國史、法國史等等），一直被認為是最合適的方式，那麼，為什麼現在我們需要從整體世界的角度來講述歷史呢？

這是因為到了二十一世紀，我們需要一個全球化的視角與觀點。隨著時代的變化，尤其是網路的發展與全球性移民不再是特殊現象以後，人與人之間的交流益發頻繁。現代的居民、不管是住在哪裡的居民，也比過去更容易在生活中遇見與自己截然不同歷史文化背景的鄰居。過去在很長一段時間之內，用來區隔人與人的民族、國家等社會學的邊界概念已逐漸被沖淡，一個嶄新的、以全人類為背景的人類文化正在逐漸形成。

同時，與二十世紀末一派樂觀的地球村情緒不同，二十一世紀的我們，正面臨著全球化在城市與鄉鎮發展極為不平均的困境。在當今保守主義的右傾與排外思潮的崛起下，如何平衡多元文化與傳統文化的衝突，也是二十一世紀世界史所需要思考的問題。

所以我們應該讀世界史，而且需要有系統的、順著時間脈絡來讀世界史。

這就是這套【少年愛讀世界史】的特色，這套書側重西洋史，但也會不時呼應、對照同一時期的中國史；這套書注重時間感，也注重人物，因為歷史本來就是「人的故事」，而且注重從多角度來呈現一件件重要的史實。

最後，感謝字畝文化，讓我有機會來做這樣一個極有意義的工作。也感謝老友伯理，給了我極大的協助，讓我能順利完成這套世界史。

目次

第一章　進入文藝復興時代

西元十三世紀末至十四世紀初，歷史進入中古史的最後一個階段，史學家稱之為「文藝復興時代」。

「文藝復興」這個詞所代表的涵義，比字面看上去要豐富得多，「文藝復興時代」更是西洋史上一個相當獨特且重要的時代。

1 什麼是「文藝復興」？

有些外來名詞，由於最初的翻譯沒辦法精準把握住原意，久而久之約定俗成，也就很難改變，或者說，因為已經成為大家非常熟悉的名詞，似乎也沒什麼非改變不可的必要，但我們還是至少要知道，不能只按照翻譯的字面來理解。「文藝復興」這個詞，就是這樣的一個例子。

如果按中文字面來理解，「文藝復興」似乎就是「文藝」（包括文學、藝術等等）的「復興」，但實際上「文藝復興」這個詞的意涵遠遠不止於此。從西元十九世紀初葉以後，很多歷史學者都在探討這個問題，而且這些歷史學家裡頭，除了研究西洋通史的學者，還有很多是專門研究藝術史，或思想史、宗教史、自然科學史、社會科學史的學者，真可說是熱鬧非凡。

簡單來說，大家所探討的是以下幾個重點：

●關於「文藝復興」的範圍

一、從整個西洋史來看，「文藝復興」是屬於一個歷史段落嗎？

如果是，西洋史就可分為「上古」、「中古」、「文藝復興」、「現代」四大段落；如果不是，那麼「文藝復興」是否被視為「中古」的「末期」，或者是「現代」的「初期」，又或者是「中古」和「現代」之間的一個「過渡時代」？

二、「文藝復興」是指義大利文化史上的一個時期嗎？似乎不是，因為「文藝復興」在地域上並不只是限於在義大利。

三、「文藝復興」僅僅是指文學和藝術的復興嗎？當然不是，除了文學和藝術，還包括了政治、經濟、社會、思想、宗教等諸多領域在內。

也就是說，從「文藝復興」的範圍來看，在地域上不僅限於義大利，在實質上也不僅僅只限於文學和藝術，所以基本上所謂「文藝復興」一詞，應該是指發生在西元十四至十六世紀，一場涵蓋整個歐洲思想文化的運動，是歐洲史上一個重要的變遷。

●關於「文藝復興」的起源和性質

一、既然「文藝復興」是歐洲史上一個重要的變遷，那麼這個變遷是如何發生的？有沒有受到當時政治、社會、經濟、宗教、哲學等影響？受到影響的程度又是如何？變遷是突然發生的嗎？還是慢慢變化的？它代表的是進步還是退步？

二、「義大利文藝復興」對於義大利以外的「北部文藝復興」，究竟有沒有因果關係？

三、在「文藝復興」的文化裡，究竟有多少是屬於中古文化的部分？

四、對於「現代」文化來說，「文藝復興」究竟有多少貢獻（無論是直接或是間接的貢獻）？

五、我們該用什麼樣的標準來看待「文藝復興文化」的價值？

以上這些，都令很多歷史學者們感到極大的興趣，可以說在整個西洋史裡，很少有像「文藝復興」這樣的主題，能夠引起這麼多的討論。

而想要討論「文藝復興」有多麼的困難，也是不難想像的，因為「文藝復興」涵蓋的層面太廣、涉及到的領域也太多，再加上學者們不同的經歷背景，自然就會產生不同的解讀。比方說，一位法國學者和一位義大利學者同時來研究「文藝復興」，哪怕他們是研究同一個課題，也很可能會得到完全不同的結論。

不同學派的討論

雖然時至今日，關於「文藝復興」的諸多討論和研究仍在進行，對於許多追問還沒有辦法取得共識，但至少已經有了一些輪廓，這些學者們主要分為三個立場：傳統派、中古學派與和折衷派。

● 傳統派

首先要介紹的是傳統派的立場。以瑞士歷史學家雅各．布克哈特（西元一八一八～一八九七年）的論點為代表。

布克哈特畢生在**巴塞爾大學**任教，原來是研究社會史和藝術史，但他一生最著名、影響後世也最深的，是《義大利的文藝復興文化》一書，這本書自問世以後，至少長達半個世紀，後世的學者們無論是否贊成布克哈特的意見，都是以他在書中所提的觀點來做為討論的標準。

巴塞爾大學——巴塞爾大學歷史悠久，成立於西元一四六〇年，是瑞士第一所大學。

瑞士文化歷史學家雅各．布克哈特以研究文藝復興文化聞名。

1998 年發行之第八版瑞士紙鈔上，印有布克哈特的肖像。

布克哈特的觀點大致如下：

「國家」是一件由勾心鬥角、暴力充斥而完成的「有意識的作品」，在中古封建制度裡找不到現代歐洲的「國家精神」和「政黨政治」。

在中古世紀，沒有個人，只有團體，不管是對世界或是對自己，每個人的基本立足點都是某一個社團的一員。後來義大利首先將這種社團觀念打破，樹立以個人為基礎的「現代人」典範，無論是在政治、社會或文藝，都強調個人的發展，致力突出個性。以個人為本的文藝復興，和以社團為本的中古世紀，是屬於兩個完全不同的時代。

1460 年巴塞爾大學的開幕典禮。巴塞爾大學是瑞士歷史最悠久的大學。

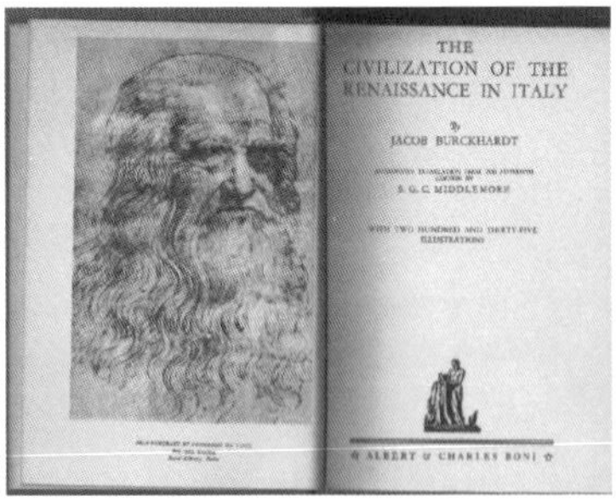

布克哈特的代表作《義大利的文藝復興文化》（此為英譯版）。

西元十四世紀的義大利人，受到新興的城邦經濟和政治的影響，逐漸建立起一個新的文明，可由於這個新文明在中古世紀裡找不到什麼依據，使他們很自然的就轉而去向遠古尋找啟示，研究古典文藝的風氣遂由此展開，因此，與其將「文藝」的「復興」視為義大利文化變遷的原因，倒不如說這是一個必然的結果，或至少不能說「文藝」的「復興」是導致義大利文化變遷最重要的原因（也就是說，布克哈特雖然重視「文藝」的「復興」，卻僅僅只是將「文藝」的「復興」視為整個「復興」運動的一部分，這是他與過去學者的看法明顯不同之處）。

「文藝復興文化」有三個基礎，那就是政治背景、個人價值和古典復興，這樣的新文化使人們重新關心人性、重新評估我們內在的能力，也重新劃定人和自然之間的關係，因此，義大利人開始積極以旅行來探索新世界、以科學研究來探求許多自然現象，希望能找到其中合理的解釋，同時也樂於以文藝作品來表達個性。而在所有文藝作品中，「傳記」相當重要，從「傳記」作品我們可以了解在這個特定時代的種種精神，以及人們生活的真實面貌。

新文化之下的新社會和中古社會是截然不同的，是由個人形成了新社會，而這種新社會也只尊重有智慧、有能力以及有財富的人。

新文化之下的個人主義也造成了宗教意識淡漠、道德觀念迷失，以及自私、縱慾等，可視為墮落的普遍現象（布克哈特雖然對這種現象表示不滿，但如何才能改進這樣的現象，他並沒有具體的意見）。

綜上所述，布克哈特所描繪的「文藝復興」是歐洲文化史上一個特定的時代，不僅僅只是「文藝」的「復興」，更是人類理性和品格的普遍覺醒，是「現代」的開始。「個人主義」和「現代觀」是「文藝復興時代」的兩種精神，是我們用來理解「文藝復興文化」的兩把重要的鑰匙，正是因為擁有這兩種精神，「文藝復興時代」才不同於中古，而成為一個獨立的時代；義大利城邦的影響力以及義大利獨有的政治和社會背景，就好像一幅幾近完美的現代畫，而這幅畫作之所以生氣勃勃，是因為畫中人有「個性」，這個「個性」就是義大利人的民族精神。

從這樣的描述，我們就不難想見在布克哈特的認知裡，義大利人在「文藝復興時代」是扮演著何等重要的角色。

布克哈特這些有關「文藝復興」的觀念被許多學者所接受，並加以修正和完善，形成所謂的傳統派觀念，其中要點是——西元十四、十五世紀的義大利，由於義大利的民族精神，產生了一種非常重要且壯闊的文化運動，結果是「中古」終止，「現代」開始。此外，決定這個文化運動的是個人主義和注重現世、以現世為歸宿的人生觀。

中古學派

很顯然，在西元十五世紀以後的法國、英國、日耳曼等地，也逐漸邁入一個新的時代，一般稱之為「北部文藝復興」，但布克哈特在《義大利的文藝復興文化》一書中並沒有論及。同時，布克哈特所描述的義大利文藝復興文化似乎也太過完美，讓人不禁懷疑是否摻雜了不少一廂情願的幻想，而非客觀的歷史事實。總之，布克哈特和傳統派的觀點遭到了愈來愈多的批評，也就是關於「文藝復興」諸多討論中，學者們所採取的第二種立場——中古學派的立場。

中古學派的重要論點是，歷史的演變都有其延續性，「文藝復興」並不是一個和過去完全隔絕的時代，不贊成傳統派中那種動輒就喜歡強調「文藝復興」和中古世紀對峙的概念。不少學者表示，事實上，當他們在比較中古世紀和「文藝復興」兩個時代時，經常會發現有一些所謂「文藝復興文化」的特質，其實是起源於中古世紀，或者說從中古世紀的文化中，經常能找到關於「文藝復興文化」的蛛絲馬跡，可見兩者並非毫不相干。

值得注意的是，這些中古學派的學者儘管批評傳統派的觀點，但從來不曾否認「文藝復興文化」的價值，因為不管怎麼說，從大體上來看，它畢竟是一個新時代的開始。

不過，也有一些學者是視「文藝復興」為中古世紀之末（中古晚期），而非現代的開始。

折衷派

最後我們要介紹的是折衷派學者的立場。

折衷派學者主張，歷史現象都是多方面的，成因很複雜，不可能用一個死板的公式來解答每一個問題；「文藝復興」不是一個有計畫、有組織的運動，而且各地的背景不同，所展現出來的情況和面貌自然也就不同，因此應該更全面的研究所有關於「文藝復興」的史料，盡可能深入去了解歐洲各地在「文藝復興時代」的政治、社會、經濟、宗教等各方面，並且不要輕易做出任何籠統的結論。

看來，關於「文藝復興」的討論還將持續進行下去，眼前我們最需要謹記在心的就是——「文藝復興」這個詞所代表的涵義要比字面看上去豐富得多，是西洋史上一個相當獨特且重要的時代。

2 英法百年戰爭

「英法百年戰爭」發生在西元一三三七至一四五三年，是世界上有史以來歷時最久的戰爭，前前後後一共進行了一百一十六年，後世學者將之分為四個階段，被法國人視為民族英雄的「聖女貞德」（西元一四一二～一四三一年）是第四階段的關鍵人物。

◆——積怨已久的英法兩國

「英法百年戰爭」爆發的原因錯綜複雜，涉及到英法兩國政治、經濟、社會、國際關係等多方面的因素，雖然戰爭是在西元一三三七年爆發，但其實在此之前兩國之間已積怨良久，恩怨頗深。

簡單來說，導致「英法百年戰爭」的基本原因是英王和法王之間的封建關係，導火線則是經濟問題。這場曠日持久的戰爭是由英王愛德華三世（西元一三一二～一三七七年）所發動，他是金雀花王朝第七位英格蘭國王，發動戰爭的目的是要用武力來奪取法國的王位。戰爭開始的時候，愛德華三世二十五歲，正處於權力的巔峰，而他最終享年六十五歲，在位半個世紀，一生最重要的事績

1505 年手稿所繪的貞德像。

拉開百年戰爭序幕的英國國王，愛德華三世。

就是發動了「英法百年戰爭」，只是大概就連他自己也沒有想到這場戰爭會持續這麼久吧。在他過世的時候戰爭已持續了四十年，正處於後世學者所說的戰爭第二階段，在這個階段裡，法軍反攻，收復了大部分的失地，逆轉了英軍之前的戰果。後來「英法百年戰爭」是在愛德華三世死後七十六年才宣告結束。

在戰爭的第一階段，英軍之所以能夠捷報頻傳，和愛德華三世之子「黑太子愛德華」（西元一三三〇～一三七六年）很有關係，他是當時英軍最著名的指揮官。關於他這個「黑太子」綽號的由來，有兩種說法：一個是說因為他經常身穿黑色的鎧甲，另一個是說由於他殘忍好戰，又在戰爭期間放縱士兵為非作歹，遭致法國人的痛恨，法國人認為他的心腸太黑，所以才叫他「黑太子」。

愛德華三世之子「黑王子愛德華」曾帶領英國軍隊以寡擊眾。

「黑太子愛德華」享年四十六歲，在「英法百年戰爭」爆發時，他還只是一個六歲的孩子，但是等到年紀稍長，就顯露出在軍事方面極為出色的指揮天分，極受父親愛德華三世的倚重，在第一階段末有一場決定性的戰役，便是由「黑太子愛德華」所統領。那是在西元一三五六年，時年二十六歲的「黑太子愛德華」率領一千八百人在法國遭遇八千名法軍，雙方人馬展開大戰，儘管法軍在人數上占據明顯的優勢，可最終英軍卻硬是以寡擊眾、以少勝多，打敗了法軍，法王還因此被俘並被押至倫敦。

後來，「黑太子愛德華」比父親愛德華三世還要早一年辭世，想必帶給愛德華三世不小的打擊。

我們回頭來看看，愛德華三世為什麼要發動這場戰爭呢？一般史家普遍都認為愛德華三世應該也不是真的想要奪取法國的王位，而只是不願意再承認與法王之間的封建臣屬關係罷了。愛德華三世的母親是法王腓力四世（西元一二六八～一三一四年）的女兒，當腓力四世最後一個兒子查理四世（西元一二九四～一三二八年）過世時，由於查理四世沒有子嗣，身為查理四世外甥的英格蘭王愛德華三世，原本是王室直系血統最近的繼位人，但因按照法蘭西的繼承法，女性及其後代無權繼承一切封號，因此法國王位最後是由查理四世時年三十五歲的堂兄腓力六世（西元一二九三～一三五〇年）所繼承，這讓愛德華三世頗為不滿，耿耿於懷。

不過，由於此時愛德華三世還太年輕（才十六歲），又還沒有親政，因此在腓力六世即位為法王的時候，他並沒有表示異議，翌年還向腓力六世行臣服禮。又過了兩年（西元一三三一年），愛德華三世已經親政了，仍然對法王表示臣服，此時愛德華三世一點兒也看不出有任何想要爭取法蘭西王位的跡象。直到腓力六世即法國王位都近十年以後，年輕的愛德華三世突然向時年四十四歲的腓力六世發動了戰爭，宣稱自己才是合法的法王，誓言要爭取法國的王位。

愛德華三世所採取的這個說詞很重要，因為當時他還擁有亞奎丹公爵的身分，如果他是以這個身分向法王宣戰，按封建臣屬的關係就有「反叛」之嫌，弄得不好，封土就有可能被沒收；可是他乾脆宣稱自己才是法國合法的國王，現任法王腓力六世就成了篡位者，向篡位者宣戰，戰爭性質就屬於「討伐」，不僅會得到英國貴族的支持，甚至還會獲得部分法國貴族的支持。

百年戰爭中英王愛德華三世的對手，法王腓力六世。

引爆戰爭的經濟對抗

現在我們再來看看引爆「英法百年戰爭」的導火線。

在西元一三二八年、腓力六世即位之前，法國法蘭德斯伯爵路易，在都市人民不斷的叛變下，陸續喪失了很多土地，十分鬱悶，因此當腓力六世一即位，他立刻向腓力六世求援，希望腓力六世為他做主；按封建制度，法蘭德斯伯爵有權提出這樣的要求，因為法王是他們名義上的最高領主，有義務要保護臣服於他的大大小小的領主。

腓力六世應允了伯爵路易的請求，就在即位同年的八月，以騎軍大敗了都市民兵。不料，都市民兵鑒於英國和法蘭德斯城一直有密切的工商業往來，遂立刻轉而向英王愛德華三世求救，只不過此時愛德華三世還沒有親政，所以並沒有採取什麼積極的行動。

八年以後（西元一三三六年），當得知伯爵路易逮捕了居住在法蘭德斯城的英國商人，並且沒收其財產的時候，愛德華三世這年已二十四歲，反應可就不一樣了。做為報復，首先，愛德華三世也立刻逮捕了在英國境內所有來自法蘭德斯的商人，同時還禁止羊毛出口至法蘭德斯，這麼一來就大大影響了法蘭德斯地區的毛織工業。

英王愛德華三世此舉很快又引發了法王腓力六世的報復，沒收了愛德華三世在法國的某一塊封地。翌年，法蘭德斯城的一個商人領導都市民兵，控制了大部分的法蘭德斯地區，還希望和英國協商，取消羊毛出口的禁令……英法兩國從經濟壓力、經濟問題所引發的矛盾愈來愈尖銳，終於在這一年（西元一三三七年）十一月，英王愛德華三世自立為法國國王，聲討腓力六世為「篡位者」，「英法百年戰爭」就此展開。

前面我們說過，「英法百年戰爭」大致可分為四個階段，每個階段與下一個階段之間都會有些間隔，或者有些重疊。在第一階段（西元一三三七～一三六〇年），英軍主攻，節節勝利，在戰爭開始的十年後（西元一三四七年），法王腓力六世還曾經在一場戰役中因彈盡援絕，而不得不向英王愛德華三世投降。三年後，腓力六世過世，享年五十七歲，在他死後，法國就陷入了分崩離析和社會動蕩的狀態之中。

此外，在這個階段中，從西元一三四七年（也就是法王腓力六世投降那年），因為**黑死病**橫掃整個歐洲，英法兩國也停戰了十年。

在第二階段（西元一三六九～一三八〇年），法軍反攻，收復了大部分的失地；第三階段最短，只有五年（西元一四一五～一四二〇年），英國和勃艮第聯

黑死病——發生在西元十四世紀中葉的歐洲大瘟疫（鼠疫），在很多文獻中都被記做「黑死病」。這個傳染病起源於中亞，然後由亞歐商人傳入至歐洲，從義大利蔓延到西歐，而後北歐、波羅的海地區，再到俄羅斯。這場浩劫奪走了歐洲兩千五百萬人的生命，占了當時歐洲總人口的三分之一！

十四世紀時席捲歐洲的黑死病，造成當時人口銳減、社會失序等動盪。

中世紀晚期甚至因黑死病興起死亡之舞、骷髏之舞。

盟，英王亨利五世（約西元一三八六～一四二二年）重創了法國，在西元一四二〇年幾乎攻占了大半個法國，隨即成為法國的攝政王，日後有權繼承法國王位。站在英國的角度來看，亨利五世是繼愛德華三世之後，對百年戰爭做出巨大貢獻的人，他提出的「英法帝國」的想法，使法國淪為這個英法聯合王國的一部分。

不過，法國還在苟延殘喘，無論情勢多麼惡劣，只要一息尚存，他們就絕不接受一位英國人為國王。長久的戰爭培養了法國人民強烈的民族意識，英國人在戰場上愈成功，就愈遭到法國人的痛恨。終於，在戰爭的第四階段（西元一四二八～一四五三年），法軍在「聖女貞德」的感召之下，終於逐步將英軍驅逐出法國的領土。

逆轉戰局的「聖女貞德」

貞德後來會被法國人視為民族英雄，不是沒有理由的，因為在戰爭進入到第四個階段時，儘管法國人民一個個都同仇敵愾，無奈此時法國卻沒有一個果敢的領袖，當時在位的查理七世（西元一四〇三～一四六一年）不僅優柔寡斷、膽小怕事，還總是缺乏進取，聽信佞臣，讓人很難對他產生什麼信心，當英軍包圍羅亞爾河以南的奧爾良時，查理七世甚至還有了不如棄國逃亡去蘇格蘭的想法。多虧貞德及時出現，終於挽救了法國的命運。

查理七世加冕典禮上的「聖女貞德」，加冕後法國士氣大增。

貞德本是一個農家女，但她深信自己是天主特意派遣來拯救法國的，就是這樣純潔和無比堅定的信念，即使對戰術一無所知，可也無損於她的價值，因為她竟然能奇蹟般為舉國上下帶來了信心，讓早已洩氣的法軍士氣大振，這就是貞德真正的貢獻。

當然，貞德的事績也確實傳奇。西元一四二九年，十七歲的她帶領法軍，經過八天的激戰，竟然解了奧爾良之圍，跌破眾人眼鏡，貞德也因此被稱為「奧爾良的少女」。兩個多月以後，貞德又讓查理七世在理姆斯大教堂行加冕禮，使查理七世成為正統的法蘭西王。這是一項非常不易又意義重大的行動，因為以往法王的加冕禮都是在理姆斯大教堂舉行，查理七世能在這裡加冕，自然大大凝聚了法國人民的向心力。此時理姆斯仍在英軍控制的區域之內，貞德不僅在率軍前往理姆斯的途中，頻頻遭到敵軍的攻擊，還要克服一路上補給和救援的難題，但她還是辦到了。

不過，接下來貞德在進攻巴黎時就沒有結果了，甚至在次年的五月被俘，從解奧爾良之圍開始算起，貞德的軍旅生涯只有短短的一年。西元一四三一年五月

貞德最終被判異端罪而以火刑燒死，在十九歲時離世。

底，貞德以異端罪被活活燒死，年僅十九歲。二十五年以後，羅馬教廷經過長期的重新審查，推翻了當年對貞德的判決，洗清了貞德的聲名。進入二十世紀上半葉（西元一九二〇年）時，她被冊封為「聖女貞德」。

「英法百年戰爭」是西方中世紀的大事，結束的時候雙方沒有簽定任何和平條約。英法兩國在戰爭期間，都發展出不少新的戰術和武器，在戰後也都成為具有民族意識的「現代國家」，尤其戰爭的勝利使法國完成了民族統一，為法國日後在歐洲大陸的擴張打下了基礎。

3 哈布斯堡王朝的興衰

哈布斯堡家族是個德意志封建統治家族，支系繁多，主要的分支在奧地利，所以又稱為「奧地利家族」。他們的祖先是日耳曼人中的一支，來自法國，最早是居住在法國的**阿爾薩斯**，後來向東遷移至瑞士北部的**亞高**，然後逐漸擴張到整個德意志地區。

阿爾薩斯——阿爾薩斯位於今天法國的東北部，是法國本土面積最小的行政區域，隔著萊茵河與德國相望。

亞高——亞高（Aargau）在今天瑞士境內的北邊，因位於阿爾河（Aare）的下游而得名，有一塊溫泉地區從羅馬時代開始就相當聞名。

「哈布斯堡」本來是一座堡壘的名字，意思是「鷹堡」，位於瑞士阿爾河與萊茵河合流處不遠的地方，建於西元十一世紀初（西元一〇二八年），後來「哈布斯堡」成為他們家族的名字。一個多世紀以後，在西元十三世紀下半葉（西元一二七三年），隨著他們家族中的魯道夫一世（西元一二一八～一二九一年）被選為日耳曼王，哈布斯堡家族從此隆重登上了歷史的舞臺，開啟了「哈布斯堡王朝」，而魯道夫一世就是哈布斯堡王朝的奠基者。

獲選為日耳曼王的哈布斯堡公爵，魯道夫一世。

歐洲歷史上最顯赫的哈布斯堡家族之紋章。

哈布斯堡王朝的統治長達六百多年，直到第一次世界大戰過後才解體，而哈布斯堡家族是歐洲歷史上統治地域最廣的封建家族，是後世所稱「歐洲四大家族」之一。

◆哈布斯堡王朝的奠基者：魯道夫一世

西元一二七三年即位時，魯道夫一世時年五十五歲。已經謝頂的他是一個瘦高個兒，足足有兩百一十公分高，他腦袋與身體的比例不太協調，腦袋顯得偏小，鼻子更是不對勁兒的大，大到據說當他騎馬經過山間小路的時候，他的大鼻子經常會影響到別人的視線，有一個這麼大的鼻子，使他的五官看起來總讓人感覺到有些怪異。更怪異的是他的穿著，當時歐洲貴族們都頗時興奇裝異服，魯道夫一世卻總是喜歡穿著農人的衣服，當他與一堆貴族站在一起時，總是十分的格格不入。

魯道夫一世之所以會被選為日耳曼王，不是因為他有多麼的英明，相反的，是因為他很平庸，或者說在當時的日耳曼政治圈根本沒有什麼分量，在貴族們的眼裡，他無疑是一個很容易控制的人物。

在這裡我們需要稍微回溯一下在魯道夫一世當上日耳曼王之前，有關日耳曼的情況。

日耳曼是神聖羅馬帝國的所在地，自鄂圖大帝（西元九一二～九七三年）建立帝國以來，所有皇帝都是由日耳曼貴族所選出，列代皇帝雖然不少都有兼併整個西歐的雄心，但實際權力都僅僅侷促於日耳曼一地區，因此神聖羅馬帝國實際上就是「日耳曼帝國」。當某一貴族被推選出來之後，他的名銜是「日耳曼王」，日後在接受羅馬教宗的加冕後，才會被稱為「羅馬皇帝」或「日耳曼皇帝」。

在中古時期，雖然有許多內在和外在的分裂因素，可始終有一個「帝國」的觀念做為統一日耳曼的力量；到了西元十二、十三世紀，當英國和法國都已慢慢走向國家統一和專制王權時，日耳曼的「地域主義」卻替代了中央政權，放棄了國家統一，演變成許多「地域國家」，出現了不少像哈布斯堡家族這樣的大家族，他們也會追逐帝位，畢竟就

鄂圖大帝也曾接受加冕，成為神聖羅馬帝國皇帝。

歷史傳統來看，「皇帝」還是一個非常令人嚮往的名銜，何況這個名銜除了代表著榮譽，也有不少方便，比方說，可以藉口討伐不聽話的貴族，然後沒收他的封土，或者當某一塊封土沒有子嗣繼承的時候，皇帝就有權分配那塊封土（可想而知在這樣的情況之下，皇帝幾乎都是將封土轉封給自己的家族）。

因此，儘管許多大家族都會積極追逐帝位，但他們的目的往往都不在於想要統一整個日耳曼，而都只是想要藉著皇帝的尊位為自己的家族謀取利益。幾個大家族相互激烈競爭的結果，自然造成政治上更加混亂，在西元十三世紀中葉以後竟然還有十九年（西元一二五四～一二七三年）的時間，日耳曼陷入「無政府狀態」，被稱為「大空位時期」，社會秩序與經濟發展都一日不如一日。

終於，在西元一二七三年，教皇宣布：如果日耳曼的貴族們不能消除成見，及時推出一位新的日耳曼王來重整秩序，那麼他就要直接任命一位日耳曼王。

當時，有幾位競爭者的實力都很強，可是在許多日耳曼貴族們看來，要服從教皇已經很無奈了，他們才不要再為自己找一個主子，因此大家四處尋找，想要找一個好對付的傢伙來充當傀儡，如此才不會影響到他們的生活。就是在這樣的背景之下，毫不起眼的魯道夫一世出線了。

此時，即使是在哈布斯堡家族裡頭，魯道夫一世也幾乎可以說是無足輕重，因為他的父親就只是一個小伯爵，他只繼承了家族名下一半的領地和幾處零散的地產。魯道夫一世一直都想從教會那裡拿回一些祖產，可是都沒有成功，現在機會來了，他知道在自己成為日耳曼王以後，一切都將改變，無怪乎在加冕典禮之後，魯道夫一世就忍不住表示：「我已不再是從前的魯道夫了。」

對於自己為什麼會受到貴族們的青睞，魯道夫一世的心裡非常清楚，因此在位十八年期間，一直是竭力順從貴族們的要求，就連在他即位九年後（西元一二八二年）想要把奧地利等地賜封給兒子之前，也是小心翼翼的先徵得了貴族們的同意。

魯道夫一世就這樣一邊與貴族們友好相處、認真扮演著自己的角色，一邊則在私底下利用各種機會，不斷擴展哈布斯堡家族的封土。而拿到奧地利等地以後，哈布斯堡家族至此真正在日耳曼政治上獲得了非常重要的地位，同時，奧地利也就此成為哈布斯堡家族的基地。

西元一二九一年，魯道夫一世過世，享年七十三歲。經過了魯道夫一世在位的十八年，尤其是在奧地利屬於哈布斯堡家族以後，很多日耳曼貴族對魯道夫一世的態度都改變了，他們不願繼續支持魯道夫一世的兒子繼位，而推選了別的公爵繼位。魯道夫一世的兒子阿爾布雷希特一世當然不服，公開叛變，內戰因此爆發，持續了七年之久，最後他終於擊敗了對手，正式登基。

神聖羅馬帝國不再「神聖」

西元一三三八年，帝國會議通過了一項聲明，宣布今後凡是日耳曼貴族所推選的人就是合法的「羅馬人的國王」，教宗僅有正式加冕的權利，而國王加冕與否並不影響其執行一切的政權。這項聲明可說是一個革命性的憲法，因為它廢除了「神聖羅馬帝國」中「神聖」或「宗教」的觀念，「神聖羅馬帝國」至此已「俗化」，而成為「日耳曼帝國」，也算是終於名正言順了。

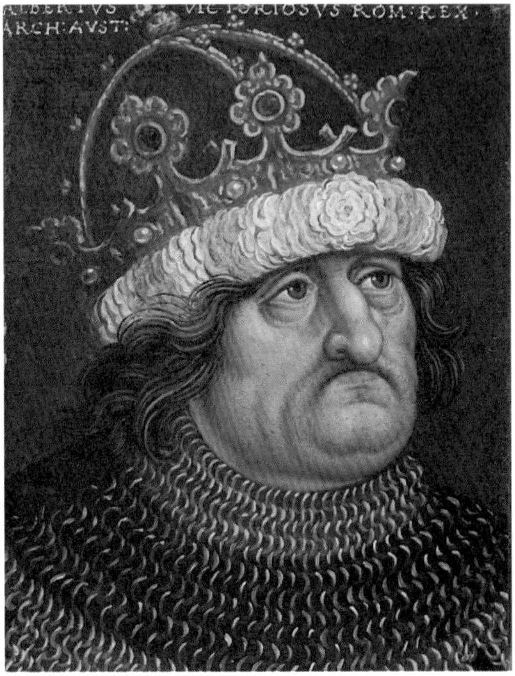

魯道夫一世的兒子，阿爾布雷希特一世。

日耳曼貴族難得能夠如此齊心協力一致對抗羅馬教宗，可惜的是，他們無意以此做為基礎，進一步追求政治上的革新，否則日耳曼的統一或許是有可能的，也就是說，貴族們所爭取的其實只是自己的利益，不想讓教宗再來干涉他們王位的選舉，如此而已。

從西元一四三八年開始，一直延續到西元一八〇六年拿破崙（西元一七六九～一八二一年）的時代，長達三百多年，神聖羅馬帝國皇帝都是由哈布斯堡家族世襲擔任，連做做樣子的「推選」都免了。一般來說，哈布斯堡家族的政策充滿了私心，除了擴展領土、建立「哈布斯堡宗室帝國」之外，對日耳曼政治不僅沒有積極的貢獻，反而還是日耳曼統一運動的阻力。

從哈布斯堡王朝的奠基者魯道夫一世開始，這個家族最厲害的就是不斷藉由政治聯姻來拓展自己的勢力，譬如在王朝鼎盛時期的關鍵人物馬克西米連一世（西元一四五九～一五一九年），他的長相英俊、性格浪漫，是一位學者和詩人，既具有中古世紀君主的風範，又具有文藝復興時代君主的氣質，被後世形容為「最後的騎士」。他的一生其實並不順利，經常債臺高築，而且由於無法將家族利益與帝國利益區分清楚，因此很多政策都得不到諸侯們的支持，但他留給世人最鮮明的印象，就是實在是太會政治聯姻啦！大家對於他操縱婚姻的能力都讚歎不已，他不僅為自己，也為親友操辦婚事，他的子女大多都是與外國皇室通婚，使得哈布斯堡王朝的影響力在歐洲不斷的擴大。

IMPERATOR CAESAR
DIVVS MAXI MILIANVS
PIVS FELIX AVGVSTVS

哈布斯堡家族全盛時期的領導人，馬克西米連一世。

藉由一次次的政治聯姻，馬克西米連一世建立了一個龐大的「哈布斯堡帝國」，到他統治晚期，差不多歐洲所有的名門貴族都有他安排妥當的族人。西元十六世紀歐洲最強大的君主查理五世（西元一五〇〇～一五五八年）就是他的孫子。

有一句話說「前人種樹，後人乘涼」，比喻前人為後人造福，馬克西米連一世就是那個種樹的前人，經由他主導的政治聯姻，查理五世在十六歲就成了西班牙國王，是西班牙哈布斯堡王朝第一位國王。除了神聖羅馬帝國和西班牙，查理五世在位時期還統治著法國勃艮第、尼德蘭地區（今天的荷蘭和比利時），以及義大利南部的西西里島、薩丁尼亞島和那不勒斯。他的弟弟也繼承了匈牙利王國和波西米亞王國國王的位子。這一切在很大程度上，都有賴於馬克西米連一世操辦的政治聯姻。

不過，查理五世所統治的哈布斯堡帝國有著不同的民族、不同的文化、不同的語文、不同的地域政府，甚至不同的宗教信仰，情況相當複雜，後來日耳曼的宗教革命和東方**鄂圖曼**土耳其帝國的壓力也使他疲於奔命，最後不僅使哈布斯堡帝國走向崩潰，整個日耳曼帝國也走向崩潰。

鄂圖曼——「鄂圖曼（Ottoman）」也譯做「奧斯曼」，由創立者奧斯曼一世（Osman I）得名，但較常見的翻譯為「鄂圖曼帝國」。

西元十六世紀歐洲最強大的君主查理五世，也是哈布斯堡家族後裔之一。

第二章 教會新走向

在文藝復興時代，教會經歷了翻天覆地的變化。不但發生了普遍性與統一性的危機，還同時出現了三位自稱正統的教宗，西方教會持續了近四十年的大分裂……不過首先，我們得從教廷流亡亞維儂開始說起。

1 教廷流亡亞維儂

西元一三〇九年、在剛剛進入西元十四世紀的時候，羅馬教宗離開了羅馬，開始定居法國南部的亞維儂。這本來不是什麼了不得的事，因為「羅馬教宗不在羅馬」之前早就有過前例，還不止一次，從西元一一〇〇至一三〇四年，這兩百零四年當中，羅馬教宗住在羅馬以外的時間，竟長達一百二十二年！這一方面是由於義大利政治的混亂，再加上日耳曼帝國不斷的入侵，和教宗國本身國內貴族的跋扈，使得西元十二和十三世紀的羅馬教宗動輒就得離開羅馬，在外過著遊牧般的生活，義大利南部、北部和法蘭西，都有過他們的足跡。

那麼，西元一三〇九年這一次，羅馬教宗再次離開羅馬、定居亞維儂，又有什麼特別之處呢？

首先，這次是教宗離開羅馬時間最長的一次，竟然**長達七十年**！直到西元一三七七年元月，教宗才重返羅馬，結束了羅馬教廷長期的流亡，史稱「**亞維儂教廷**」。其次，是教廷在亞維儂大興土木，大有從此就在亞維儂安頓下來之意，嚴重破壞了基督教會「普遍性」的基

長達七十年——如果從字面上的數字來計算，應該是「六十八年」，但因為都是以西元一三七八年，教宗格列哥里十一世過世這一年，視為亞維儂教廷正式的終止，如此就是「六十九」年，然後又因為習慣以整數計，所以是「七十年」。

亞維儂教廷——由於著名人文學者、「人文主義之父」佩脫拉克（西元一三〇四～一三七四年）的一生幾乎和亞維儂教廷時代（西元一三〇九～一三七八年）一致，又在亞維儂附近住過一段很長的時間，對亞維儂有過非常嚴厲的批評，稱之為「巴比倫」，所以後來「巴比倫流亡」就成為亞維儂教廷的另外一個稱呼。

礎。這麼一來，從瑞典到西西里、波蘭和英國，不斷有教徒抗議，並呼籲教廷應該盡早結束流亡，回到羅馬，因為從歷史上來看，羅馬一直是教宗駐節之地，而自君士坦丁大帝（西元二七五～三三七年）在西元四世紀上半葉，將帝國京都東遷之後，一千年來羅馬更成為基督教的「京都」，因此教宗遲遲不回羅馬，一直在亞維儂滯留，實在是違背了基督教的傳統。

更何況亞維儂是法國的一部分，而教廷在流亡時期不僅前前後後七位教宗都是法國人，教廷的樞機也幾乎全是法國人，就連教廷所處理的也大多都是與法國有關的事務（這一點可從當時的檔案得到佐證），凡此種種都很難讓人相信，身在亞維儂的教宗和教廷還能保持超然的立場、不受法國的影響，很多人甚至嚴重懷疑教宗儼然已成了法國王室的教宗，而不再是領導整個教會的教宗。無怪乎此時正值「英法百年戰爭」期間，很多人都指責亞維儂教廷的政策，往往有偏袒法王之嫌。

成為法王傀儡的教宗

平心而論，大家對於教廷被法王控制的指控並非毫無道理，最典型的例子就是「聖殿武士團（或「聖殿武士會」）被強迫解散事件」。

聖殿武士團成立於第一次十字軍東征之後，對於保護聖地和朝聖者曾經有過極大的貢獻，但隨著時代的變化，尤其是在西元十二世紀末，巴勒斯坦的亞克（一個重要的港口城市）陷落以後，他們的存在就慢慢失去了原來的作用，便自然而然開始轉型；數十年來，在帝王和貴族們的支持下，聖殿武士團的財產愈來愈多，而由於他們在歐洲各大都市都有會院，這種密布的交通網所帶來的優勢，使得他們逐漸開始從事匯款、貸款等現代銀行的基本業務，久而久之造成的結果就是——很多歐洲的帝王和貴族都欠他們很多錢、都成了他們的債務人，當時的法王腓力四世（西元一二六八～一三一四年）就是聖殿武士團的債務人之一，法蘭西全國一年的收入，都不足以償還他欠聖殿武士團的債。

十字軍重要的港口城市亞克陷落，為聖殿武士團開始轉型的原因之一。

法國國王腓力四世。

腓力四世推動解散聖殿武士團，將武士處以火刑。

這個債務問題想必讓腓力四世傷透腦筋，刺激他使出一記狠招，那就是——乾脆推動聖殿武士團解散！如此不僅不用還錢，還可沒收聖殿武士團在法國龐大的財產。

於是，腓力四世從西元一三〇五年開始，就採取一連串攻擊聖殿武士團的措施，也就是所謂「揭發聖殿武士團的種種罪行」，但很多罪名都被後世證實完全是誣告，只不過聖殿武士團本身也確實有一些行徑令人不滿，譬如他們在貸款上所採取的一些不公道的做法，就經常遭到批評。

兩年之後，腓力四世悍然下令，立刻逮捕該會所有的武士，然後嚴刑逼供，強迫他們認罪。一位武士曾表示：「在那樣的酷刑之下，就算是叫我承認曾經謀殺天主，我也會承認！」

最後，第一批有五十四名武士認罪，均被判處殘酷的火刑。

對於這樣的慘劇，當時的教宗克雷芒五世（約西元一二六〇～一三一四年）明知不對，卻沒能站出來主持公道，只能發出微弱的抗議，宣布要在三年後、西元一三一〇年召開會議來解決這場紛爭，可想而知，在會議還沒來得及召開之前，已經有更多的武士喪命。

同時，這場針對聖殿武士團的運動，從法國陸續蔓延到英國、

教宗克雷芒五世於 1305 年出任教宗，後被迫遷往亞維儂。

西班牙、葡萄牙、賽普勒斯等地，要特別強調的是，其他各國法庭在經過調查以後，都聲明聖殿武士團無罪，與此形成鮮明對比的，唯獨在法國，教宗竟然屈服於法王，宣布解散聖殿武士團，理由是「有異端之嫌」，這是教會史上極為黑暗的一頁。

從此，「教宗是法王傀儡」的印象，在時人心目中就益發根深蒂固了。

亞維儂教廷備受批評的經濟、政治問題

財政問題也是亞維儂教廷備受批評的重要原因。為了平定義大利教宗國的內戰、推動十字軍東征，以及用於常態性的傳教事業，都需要可觀的經費，而為了要張羅這些經費，亞維儂教廷最忙碌的部門就是財政部。教廷將歐洲分成若干個「稅區」，由專人負責，收稅員在轄區內到處奔走、徵收賦稅，賦稅的名目非常繁雜，簡直讓人應接不暇，所得款項更是全部解送亞維儂。這些金錢活動雖然不是從教廷遷往亞維儂以後才開始，而是之前就已經存在，但在當時引起眾人反感的程度，卻比以往任何一個時期都要嚴重得多。

這其中有諸多原因，比方說，此時英法兩國正在交戰（「英法百年戰爭」），

亞維儂教廷對法國的態度又那麼軟弱，英國自然不免要懷疑教廷有沒有金援法國；又或是教廷用在傳教事業等方面的花費，一般人看不到，大家看到的只是教廷在亞維儂大興土木，很容易就聯想到，這些賦稅是不是主要都用於亞維儂教廷的享受等等。

還有就是亞維儂教廷對於「委任權」的濫用，也非常遭人詬病。其實，過去各國對於羅馬教廷總是藉著「委任權」來干涉地方教會的現象，早有所抱怨，而亞維儂教廷在這個問題上所表現出來的荒腔走板，更是讓人十分不滿，譬如教會內一個職位，竟然會同時委任給不同的人，或者某一位主教明明還健在，可是他的主教職位卻已被某人「預定」……這些荒謬的事情經常發生，其中既牽涉到金錢問題，還破壞了地方教會對於教廷的向心力，自然有損教廷的威望，造成離心離德。

總之，亞維儂教廷的財政措施引起了各方的反對，反對最激烈的當然就是各國的政府，尤其是英格蘭和日耳曼。西元一三四三年（在教廷遷往亞維儂三十四年以後），英王率先下令禁止本國教士向教宗申請任何教職的任命，從此，英國歷次國會便幾乎都會制定關乎教廷的禁令，譬如西元一三四六年，下議院要求所有外國教士，在英國所持有的教俸應該由國王管理，在英國的所有財產全部沒收；

西元一三七六年，國會通過兩條法律，聲明教宗在英國的委任一律無效，並且禁止英國教士上訴教廷；以及在西元一三六五和西元一三七四年，國會先後兩次拒絕亞維儂教宗封建津貼的要求等等。

英國固然是由於正在與法國交戰，所以對於亞維儂教廷的種種財政措施反對最為激烈，但其他國家也都有類似的法律，足見亞維儂教廷是多麼的不得人心。與此同時，要求教宗返回羅馬的呼聲也從來沒有停過，而且聲浪還愈來愈大。

最後迫使亞維儂教宗不得不考慮還都羅馬的，還有現實的政治問題。當初教宗克雷芒五世與其繼承人之所以定居亞維儂，是由於當時羅馬和教宗國內政治的混亂，雖然後來局勢混亂的情況始終存在，但羅馬人民早已漸漸形成一種共識，都認為如果教宗能夠親自坐鎮羅馬，那麼無論是羅馬城或教宗國的混亂局勢，或許就都有改善的希望，因此羅馬的人民代表不斷前往亞維儂，要求教廷結束流亡，返回聖京。

教廷終於還都羅馬

在這些政教雙重壓力之下，西元一三六七年，時年五十七歲的教宗烏爾班五世（西元一三一〇～一三七〇年）終於下定決心返回羅馬，義大利各城邦為此一共提供了六十艘船隻護送，聲勢十分浩大。烏爾班五世從法國的馬賽出發，十月抵達梵蒂岡，在聖彼得大教堂舉行了謝恩彌撒，大家都非常激動，因為這可是教廷在離開羅馬六十幾年以後，第一次有教宗又在聖彼得大教堂舉行大典，許多作家、學者都為此寫了很多作品，做為慶祝和紀念。

兩年後，日耳曼皇帝還遠道親赴羅馬，接受教宗加冕，表示帝國和教會合作；次年，拜占庭皇帝也宣布終止東西教會的分裂……這時大家都感覺到一個新的時代似乎即將展開，遺憾的是，不久當烏爾班五世擢升新的樞機時，大家赫然發現在八位樞機當中，竟然還是有六位是法國人，仍然沒能消除長久以來大家對於教廷受制於法王的不良觀感，義大利人對此特別氣憤，許多城邦都爆發了暴動來向教廷表達強烈的抗議。同時，身為法國人的烏爾班五世，待在羅馬，在生活上也還是有諸多不習慣，於是便藉口要調

曾回歸羅馬又藉口出逃的教宗，烏爾班五世。

解英法戰爭，匆匆返回亞維儂，不久就去世了，不少教徒都相信這是天主的懲罰，誰叫教宗在羅馬待不住呢？

之後新上任的教宗格列哥里十一世（西元一三三一～一三七八年），深知大家對於教廷還都羅馬的期待，也明白教廷還都羅馬的必要，一即位便宣布準備還都，無奈當時義大利的政治實在是太過混亂，以至於還都的計畫被迫一延再延，終於在西元一三七六年十月初，以較九年前烏爾班五世更壯觀的排場，從馬賽港口啟航，經過三個月，於次年元月十九日抵達羅馬，正式結束了羅馬教廷七十年的流亡。

可惜接下去一切情勢的發展，並不如格列哥里十一世的期望，一年多後他又忽然病逝，享年四十七歲。

教宗格列哥里十一世回歸羅馬，結束了亞維儂教廷逃亡時代。

2 西方教會大分裂

後世在研究亞維儂時代的歷史時，都不免會感慨教宗格列哥里十一世的意外離世，如果他能夠再多活幾年，接下來三十九年西方教會的大分裂（西元一三七八～一四一七年），或許就可以避免了。

教宗格列哥里十一世於 1370 年出任教宗，並在 1377 年回歸羅馬，不久後辭世。

西元一三七八年接近三月底，當格列哥里十一世一過世，在羅馬的十六位樞機立即集會，非正式的商討有關繼任教宗的選舉事宜。十六位樞機分成三派，其中有四位是義大利人，十二位是法國人，但是這十二位法國人中，又分成五位「法王派」和七位來自利木森地區的「利木森派」，不過他們都忽略了還有一個能夠影響選舉的外來因素，那就是羅馬的群眾。

不久，當十六位樞機正式舉行有關教宗選舉的會議時，大批群眾就聚集在場外示威，不斷大呼：「我們要一位羅馬人！否則我們就將採取行動！」

新任教宗、時年六十歲左右的烏爾班六世（約西元一三一八～一三八九年）就是在這樣的壓力之下產生，雖然他不是羅馬人，好歹總算是義大利人。

烏爾班六世是一位法學家，對於教會改革抱持著很大的熱情，但方式很值得商榷。他實在是太操之過急，沒多久就把周圍的人全部都得罪光了，招致很多人的不滿，尤其是稍後當他宣稱要擢升一大批義大利籍樞機，好讓那些法國樞機從此閉嘴以後。多達十三位法國樞機憤而集體潛逃，同年八月初（也就是在烏爾班六世繼位僅僅四個月左右），他們在法國軍隊的保護之下，宣稱四個月前烏爾班六世的當選是迫於群眾壓力，選舉應該無效，然後另外推選了一位日內瓦的樞機來擔任新教宗，那就是克雷芒七世（西元一三四二～一三九四年）。

在以武力奪取羅馬失敗之後，克雷芒七世便率領所有法籍樞機前往亞維儂，西方教會大分裂就此展開。

就選舉程序來說，克雷芒七世無疑是一位非法的教宗，哪有隔了四個月才提出烏爾班六世當選無效的主張呢？所謂「迫於當時羅馬群眾」之說，顯然只是一個藉口罷了，因此在教會史上，將烏爾班六世及其繼承人稱「羅馬系統」，是「正統」；而克雷芒七世及其繼承人為「亞維儂系統」，是「假教宗」。

教會的兩大力量基礎受到嚴重破壞

基督教會的力量向來是基於兩個重

教宗格列哥里十一世辭世後，羅馬與亞維儂教廷彼此爭論，分別選出教宗並宣稱自己具有合法性，引起教會大分裂。

要的基礎，第一，是我們在上一節中提到過的「普遍性」，意思是說，教會是所有人的教會，不是某一民族、某一國家或某一地區的教會，這個概念的有形象徵就是教宗定都羅馬，所以之前當教廷流亡亞維儂時，才會遭到那麼強烈的批評；第二，是「統一性」，這是指基督教會只有一個，是不能分割的，有形象徵就是羅馬教宗本身，教宗是耶穌的代表，也是聖彼得的繼承人。在這兩項前提之下，教會的分裂對於教會所造成的為害程度，遠比教廷流亡亞維儂還要嚴重得多！

我們先就信徒的心理狀況來說。信教是為了靈魂得救，然後死後升天而信基督教，這是信徒們在現世所追求的最高目標，甚至可以說是人生最大的意義。而為了要完成這樣的追求，長久以來大家都被告知必須接受教會的一切，可如今當羅馬教宗和亞維儂教宗都在指責對方是假教宗的時候，信徒們的心裡當然會產生迷惘，既無法分辨究竟誰真誰假，也懷疑自己對教會所做的各種付出，到底還有沒有意義？能不能幫助自己的靈魂得救？死後又能不能升天……若再更深入的思考下去，很容易就會產生否認教會的想法，這就是教會分裂嚴重破壞「統一性」的原因。

再就實際狀況來說，教會分裂、兩位教宗同時爭奪聖彼得的職權，也讓基督教世界的所有信徒都無所適從、不堪其擾，譬如，兩位教宗都有自己的教廷和樞機團，以及各自的行政系統，也都會各自派遣代表至各地去執行業務，當某地主教出缺的時候，兩位教宗也都會委任自己的人選，因此經常鬧雙胞；而如果人民要同時對兩個教廷都善盡繳稅義務，無疑就是雙倍的負擔，這也是大家都不可承受之重。

於是，教會的分裂自然就造成基督教世界的分裂，各國都被迫一定要選邊站，有的支持羅馬教宗，有的支持亞維儂教宗。法國當然是支持亞維儂教宗，隨後蘇格蘭以及西班牙半島的納瓦拉、卡斯提爾、亞拉岡也都陸續跟進；英國由於正在與法國交戰，自然是支持羅馬教宗，葡萄牙、波西米亞、匈牙利和大部分日耳曼地區，也都只承認羅馬教宗；義大利和那不勒斯則缺乏統一陣線，各自支持羅馬教宗或亞維儂教宗。

教會的分裂顯然是不正常的，所造成的危害也日益明顯，那麼恢復統一就是大勢所趨，只是究竟該由誰來領導大家呢？為了爭奪這個領導權，兩個系統的教宗都使出很大的力氣、用了很多的辦法，包括公布詔令，將對方系統的教宗開除教籍；鼓動大批支持者、其中不乏大學教授，發動各式各樣的筆戰來攻擊對方；甚至組織十字軍，企圖用武力來消滅對方……

比薩大公會議

在教會分裂了三十一年之後，西元一四〇九年，二十四位樞機（十四位來自羅馬、十位來自亞維儂），偕同三百多位教會顯要，在義大利的比薩聚會，同時與會的還有西歐各政權的代表、神學家、教會法專家等等，如此規模龐大的大公會議，目的只有一個，就是希望能夠尋找到一個大家都可以接受的，解決教會分裂的辦法。

說起來，藉著召開會議來解決教會紛爭，是基督教歷時一千多年的傳統。在西元三二五年，為了解決基督教兩大教派的爭端，君士坦丁大帝就曾召開「尼西亞會議」，這是基督教教會史上召開的第一次會議（我們在卷三《上古史II》中曾經講述過）。

按基督教的傳統，大公會議必須由羅馬教宗召開，並且教宗需要親自參加或者派代表參加，會議所得決議也應由教宗批准與公布，譬如「尼西亞會議」雖然是由君士坦丁大帝所召開且親自主持，但會議的決案還是得由當時的教宗批准。總之，如果沒有教宗同意，任何大公會議都是非法組織，不能產生任何法律上的效力。

因此，提議用大公會議來解決教會分裂問題的人士，立即就碰到一個棘手的

「雞生蛋、蛋生雞」的難題：在「大公會議必須由羅馬教宗召開」的規定、而此時羅馬教宗和亞維儂教宗又都自認是正統，雙方都堅持應該由他們來召開會議的情況之下，這個至關重要的會議到底該由誰來召開呢？

為了先從這個無解的惡性循環中跳脫出來，遂有了「大公會議說」的出現，要點是：大公會議的權力高於一切，是教會最高領導機構，有權解決教會分裂問題；大公會議可以承認一方而拒絕另一方，也可以罷免雙方，另外再選一位新的教宗。

西元一四〇九年，這場意義非凡的大公會議從三月一直開到八月，可始終無法找到關於教會分裂的解決之道，最後，在要求羅馬和亞維儂兩位教宗自動辭職無果之後，會議乾脆宣布將兩人罷免，另選一位希臘籍的米蘭樞機為教宗。

也就是說，折騰了半天，「比薩會議」非但沒能解決問題，反而使問題更加複雜，現在有三個教宗了！

康士坦茲大公會議

既然教會遲遲無法解決自己內部的爭端，再加上教會此時已經分裂超過了三十年，促使大家逐漸走向地方教會，於是各國政府都紛紛採取了具體的行動，想要推動教會統一。「比薩會議」儘管失敗了，至少還是讓大家明白，唯有合作才是合理和有效的途徑。

就是在這樣的背景之下，日耳曼皇帝西吉斯蒙德（西元一三六八～一四三七年）成為推動統一教會的重要人物。

經過多方的努力，西吉斯蒙德決定在康士坦茲（位於今天的瑞士與德國邊界）召開會議。西吉斯蒙德選擇把康士坦茲做為會議地點真是煞費苦心，因為康士坦茲位在日耳曼的勢力範圍之內，顯然是為了避免大會被法國人或是義大利人來操縱。不過，從後來的與會人士看來，實際上法國勢力還是控制了整個會議。

西元一四一四年十一月，「康士坦茲會議」召開，這是教會史上規模最大的一次會議，康士坦茲城一下子湧進了超過十萬名與會者，令人咋舌。

會議一開就是三年，直到西元一四一七年十一月初才閉幕，歷經三十九年的西方教會大分裂至此也終於宣告結束。羅馬、亞維儂和比薩三位教宗都被解職，然後推選出一位新的教宗，就是馬丁五世（西元一三六八～一四三一年）。

在「康士坦茲會議」中，還宣布這樣的會議以後要定期召開，其實也就是與會者計畫，今後要基於「大公會議說」，繼續以大公會議來領導和統治教會，然而後來事實的發展卻事與願違；即使會議的確是又斷斷續續召開了三十幾年，影

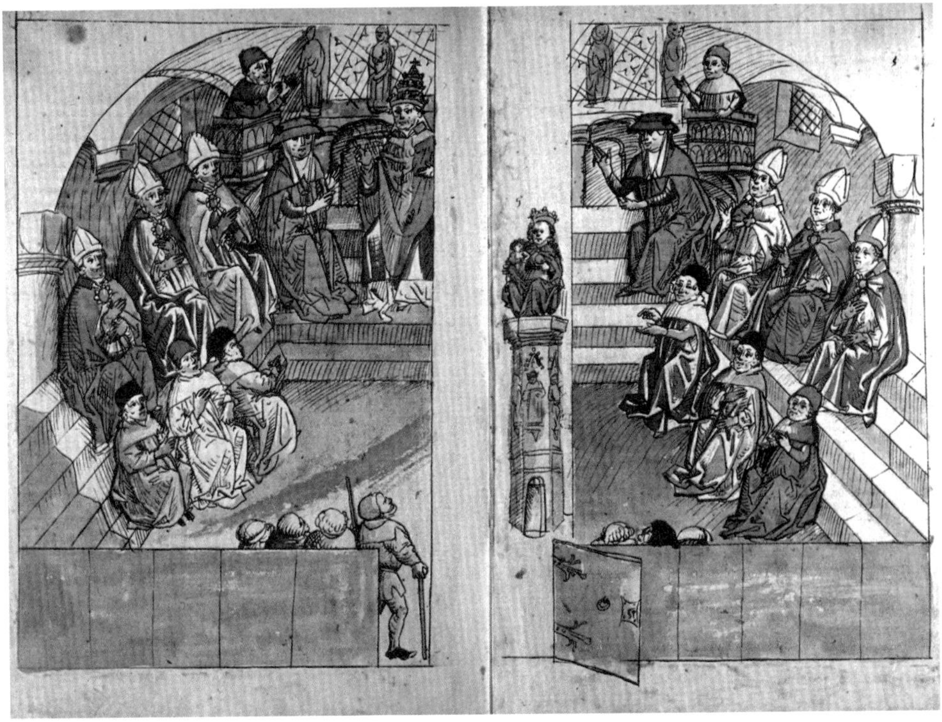

1417 年「康士坦茲大公會議」閉幕，會後宣布新任教宗由馬丁五世擔任。

響力卻是逐年降低，簡單來講，就是完全沒能達成既定的目標。

至於失敗的原因則來自多方面。首先，「教宗是教會最高統治者」，這畢竟是一千多年以來的傳統，不容易打破；其次，這項傳統有扎實的神學和教會法做為依據，不可能輕易被撼動；最後，從西元十五世紀中葉以後，西歐一些重要國家，諸如英國、法國和西班牙，都漸漸走向專制，各國政府都企圖直接控制在自己國家裡的教會。凡此種種都造成大公會議運動的沒落，參加會議的人愈來愈少，直到西元一四四九年終於不了了之。

只不過「大公會議說」仍然是做為一項神學論題而保留了下來，巴黎大學就一直是鼓吹此說的大本營。不少學者都認為，「大公會議說」甚至醞釀了日後的宗教改革。

3 文藝復興教宗的功過

自西元十一世紀中葉、西元一〇五四年，東方教會脫離西方教會之後，「東西教會合一」就一直是列代教宗和許多西方人士所持續關切的課題，其實整個十字軍運動也就是為了要達到這個目的而發起，只可惜由於政治因素的分歧、東西方文化的不同，以及兩方領導人物的個人恩怨，使得四百年來的努力總是看不到什麼成果。

非拉拉－佛羅倫斯大公會議

西元一四一七年，西方教會在結束了分裂狀態之後，終於又有餘力來重新關注與東方教會合一這個問題，同時，既然大公會議能夠解決西方教會分裂的難題，很多人也就理所當然的寄望大公會議同樣能夠處理好東西方教會的歧義，讓東西方教會早日復歸一體。

差不多過了二十年後，西元一四三八年，在一場大公會議（「非拉拉－佛羅倫斯會議」）召開之際，大家有鑒於當時的情勢，都覺得看到了合一的希望。主要是因為此時鄂圖曼土耳其人已經在東方建立了一個龐大的帝國，帶給君士坦丁堡極大的壓力，很多人都覺得君士坦丁堡朝不保夕，隨時都有陷落的可能，

1438 年召開的「非拉拉 - 佛羅倫斯會議」，嘗試促成東西教會合一。

於是，就像當年在第一次十字軍東征前一樣，不斷有來自君士坦丁堡的使者焦急的向西方求援，在這樣的背景之下，東方教會自然是很樂於與西方教會合一。

然而，談判的過程並不順利，希臘代表無視於情況危急，仍然一味在措辭這些細節上糾結，最後雙方好不容易在西元一四三九年七月初，勉強簽定了「合一法案」，東西教會就這樣在文字上完成了合一的目標。然而，由於當東方代表返回君士坦丁堡時碰上了暴動，這個得來不易的「合一法案」並沒有公布。

這是歷史上東西教會最後一次合一的努力，就這樣成了一場空。十四年後（西元一四五三年），君士坦丁堡淪陷，希臘教會（東方教會）的重心遷移到莫斯科，和羅馬就離得更遠了。

值得玩味的是，那場「非拉拉-佛羅倫斯會議」，雖然在當時沒能完成既定的目標，卻在無意之中對文化（尤其是對義大利的文化）有很大的貢獻。原來，當時眼看土耳其人已對希臘步步緊逼，情勢非常緊張，不少與會的東方人才在會議結束之後就乾脆留了下來，形成東方人才的西流，而此舉也引發了西方對於東方希臘文化濃厚的興趣。

文藝復興教宗：重振權威與世俗化

從西元一四一七年、西元十五世紀初，西方教會結束分裂狀態之後所選出的教宗馬丁五世開始，一連好幾代教宗都能堅守教會傳統，重振教廷的領導權威。而一般都將自西元十五世紀中葉開始，從尼古拉斯五世（西元一三九七～一四五五年）到利奧十世（西元一四七五～一五二一年），這長達七十年左右（西元一四四七～一五二一年左右）的列代教宗，通稱之為「文藝復興教宗」。

這主要是因為在西元十五世紀中葉以後，義大利的文藝復興進入到黃金時代，而從事推動這項文化運動最熱心的就是羅馬教宗，所以後人都將他們稱為「文藝復興教宗」。同時，這段時期的教宗也被稱為「義大利君主」，不是指當時他們統治整個義大利半島，而是說他們當時和其他的世俗統治者沒什麼兩樣，等於是和其他的世俗統治者一起分治著義大利半島。

推動文化固然是好事，但是這和從事政治活動一樣，都不是羅馬教宗分內該做的事，那麼為什麼這段時期的教宗們，對這兩方面要投入這麼大的心力呢？這當然也是有其背景因素。

最關鍵的是基於當時歐洲的局勢（尤其是義大利的局勢），迫使原本應該只關心信徒精神生活的教宗，不得不關心政治。

西元一四五三年，「英法百年戰爭」結束，法國雖然艱難取得了勝利，但百廢待興、急需重整，而戰敗國英國喪失了很多土地，引起國內貴族強烈的不滿，沒兩年就又爆發了**內戰**；在日耳曼，皇帝已放棄「日耳曼帝國」的想法，專注經營著哈布斯堡王朝；至於西班牙，則是在這段時期從分裂走向統一、從消滅回教國家走向「純基督教」國家……

總之，在西元十五世紀中葉，西歐幾個重要國家所關注的重點都是自己國內的事務，都在忙著發展各自的命運，讓羅馬教宗不得不認清一個現實，那就是教會之前所追求的「基督教共和國」的理想是不可能了，只能退守義大利半島，畢竟教宗國在義大利，是教宗可以直接行使權力的地方。可此時義大利半島在政治上一片混亂，革命和戰爭簡直就是家常便飯，羅馬教宗為求自保，還要考慮當時歐洲的局勢，遂只能像一般的俗世君主一樣，跟義大利半島其他的統治者一塊兒玩起了權力的遊戲，這就是為什麼後世會將文藝復興時代的列代教宗，也稱之為「義大利君主」的原因。

內戰——這邊指的是發生在西元十五世紀中葉到下半葉的「玫瑰戰爭」，又稱「薔薇戰爭」（西元一四五五～一四八五年），主要是英國兩個王室家族為了爭奪王位，而持續了三十年的內戰。由於兩個家族所選用的家徽都是薔薇，一個是紅薔薇，另一個是白薔薇，到了西元十六世紀，莎士比亞（西元一五六四～一六一六年）在歷史劇《亨利六世》中，以兩朵玫瑰被拔起象徵這場內戰的開始，「玫瑰戰爭」才從此成為一個普遍的用語。

「玫瑰戰爭」也結束了法國金雀花王朝在英格蘭的統治，由都鐸王朝取而代之。為了紀念這次的戰爭，英格蘭遂以玫瑰（實際上是歐洲古老的薔薇）為國花，然後就一直沿用下來。關於都鐸王朝，我們會在第四章中再做詳述。

西班牙回教王國，格拉納達酋長國的末代蘇丹，向亞拉岡王國和卡斯提爾王國的斐迪南國王、伊莎貝拉王后投降。

莎士比亞劇作《亨利六世》中，兩個家族分別摘下紅白玫瑰，象徵雙方對抗、爭奪王位，因此這場內戰又被稱為「玫瑰戰爭」。

羅馬教廷成為推動義大利文化的中心

不過，羅馬終究還是基督教會的中心，就算羅馬教宗失去了中古世紀基督教世界的領導地位，畢竟還是被視為羅馬傳統的繼承人，因此，從尼古拉斯五世開始（當他即位教宗時，「英法百年戰爭」還要六年才結束），列代教宗對於推動文藝可說是不遺餘力，一時之間，許許多多優秀的人文學者和藝術家都聚集到了羅馬，不久羅馬就變成義大利文化的中心。時至今日，我們還可以瞻仰和欣賞這個時期眾多文藝天才所留下的珍貴的文化遺產。

譬如尼古拉斯五世（被稱為「第一位文藝復興教宗」）在學術方面有著傑出的貢獻，包括不惜以重金聘請名家翻譯希臘名著，或是在翻譯聖經古籍時兼顧學術性和一般性，除了權威的希臘文、拉丁文對照的版本，也有拉丁「通俗譯本」……在他的帶動之下，羅馬教廷當之無愧成為文化推動的中心。他還積極搜集抄本，創立了後來舉世聞名的梵蒂岡圖書館，在他過世的時候，圖書館擁有一千五百多冊藏書，之後繼位的幾位教宗也都繼續擴充館藏規模，經過了十幾、二十年，在教宗西斯督四世（西元一四一四～一四八四年）時期，藏書已擴充了三倍之多。

尼古拉斯五世，於 1447 年出任教宗。他對藝文活動的支持與贊助，使他被視為首位文藝復興教宗。

描繪教宗西斯督四世任命梵蒂岡圖書館館長的壁畫。

以百萬冊藏書聞名的梵蒂岡圖書館。圖為館內的西斯汀廳。

又如，被後世稱為「藝術之宮」的西斯汀教堂，是西斯督四世在位時期興建，始建於西元一四七三年，完成於西元一四八一年，費時八年，幾乎與西斯督四世的任期相當（他是西元一四七一年繼位的），後來成了**米開朗基羅**（西元一四七五～一五六四年）等天才藝術家們展現驚人才華的場所。

一連好幾位「文藝復興教宗」對於文化方面的貢獻，固然是有目共睹，但同時也為教會帶來了很多困擾。

無論當時他們是出於什麼目的推動文藝活動來美化聖京羅馬，都造成一個很大的副作用，那就是給人一種「教會世俗化」的印象。這對教會的殺傷力十分巨大，後世不少學者都認為，甚至是比教廷流亡亞維儂、西方教會大分裂所造成的負面影響還要嚴重得多，因為「文藝復興教宗」所做的這些事情，和教會需要他們做的事情，兩者之間沒有直接的關係，再加上在此時期，不少教士們的生活也日益世俗，甚至可以說是浮華，等於是以俗世的價值替代了教會原本的精神價值，整個教會都走向了世俗化，也難怪會招致很多批評。

米開朗基羅——米開朗基羅是一般所說的「義大利文藝復興三傑」（或「文藝復興後三傑」）之一，另外兩位是達文西（西元一四五二～一五一九年）和拉斐爾（西元一四八三～一五二〇年）。

米開朗基羅與西斯汀教堂有著深厚的不解之緣，從西元一五〇八年開始，時年三十三歲的米開朗基羅用了四年零五個月的時間，以超凡的智慧和毅力，完成了西斯汀教堂的天頂壁畫《創世紀》，這是世界上最大的壁畫；二十多年以後，已經六十一歲的米開朗基羅又回到西斯汀教堂，花了六年的時間，完成《創世紀》下方祭壇壁面上的《最後的審判》，被譽為「最偉大的教堂壁畫」。

米開朗基羅是了不起的雕刻家、畫家、建築師和詩人，完成於西斯汀教堂的作品則都是他在繪畫方面的代表作。

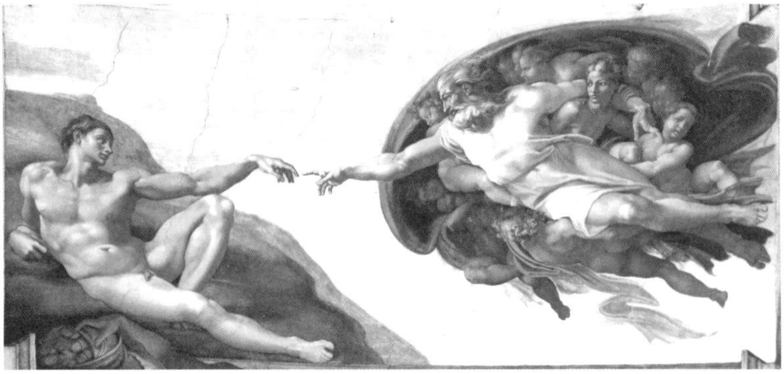

米開朗基羅為梵蒂岡西斯汀教堂繪製《創世紀》天頂壁畫，其中又以《創造亞當》最為出名。

祭壇壁畫《最後的審判》，顯示基督教思想中對於末日審判的重視。

若更進一步來解釋，不少後世學者都指出，教廷流亡亞維儂、西方教會大分裂所顯露的，還只是教會在組織上的弱點，但「俗世化」所暴露的，則是教會在思想上的偏差和精神上的缺陷。無怪乎在第一位文藝復興教宗尼古拉斯五世即教宗位的七十年之後，馬丁路德（西元一四八三～一五四六年）倡導宗教改革時，登高一呼，立即獲得四方熱烈響應，原因就在於教會在世俗化的羅馬教廷領導之下，已經失去任何抵抗改變的力量。

4 宗教生活與神祕運動

宗教改革是西元十六、十七世紀重大的歷史事件。在講述宗教改革之前，我們應該先來了解一下，當西元十四、十五世紀，西方歐洲還是一個基督教世界的時候，人們的生活是怎麼樣的。

若與中古世紀相較，從表面上看來，這個時期的宗教活動是有增無減，無論個人、家庭、社團和國家都籠罩在基督教的氣氛之下，基督教的信條和教律牢牢控制著人們的思想和生活；可實質上，宗教生活比過去要更加的形式化和機械化，宗教似乎變成了一種生意，人們以為自己可以和天主討價還價，參加宗教活動的動機都非常明確，就是希望能夠獲得某種恩惠，或是避免某種災禍。

原本基督教的真正意義和價值，是要以外表的行動來表達內心的真誠，可是一旦世俗化、功利化之後，基督徒的生活就失去了平衡。

變調的宗教生活

比方說，宗教遊行和「朝聖」愈來愈走樣。

原本某一地區為了慶祝教會某些節日，或者為了要替民眾祈福消災，就會舉行宗教遊行，藉著集體行動來表達人們內心的宗教熱誠，可是當這種遊行愈來愈多、很多地區都是三天兩頭就有遊行之後，遊行便淪為例行公事，大家似乎早就忘了遊行最初嚴肅又神聖的意義，而在每次遊行結束之後，往往又是大吃大喝，與遊行原本該有的氣氛也極為不協調。

「朝聖」則源自中古，含有苦行贖罪的意義，並不是一般的旅行，更不應該摻雜進商業的色彩。可自從西元十四世紀羅馬有了「**聖年**」之後，為了吸引教徒來羅馬參加聖年朝聖，教會會頒發大赦，宣稱凡是誠心悔罪告解又履行善功者，就能獲得罪罰之赦。原本按照教會的傳統，

聖年——「聖年」，又稱「禧年」。西元一三〇〇年，羅馬首次舉行聖年，一時之間各地信徒都蜂擁而至羅馬，造成羅馬城內到處人頭鑽動、寸步難行，為了交通順暢，當局規定凡是在經過聖天使橋的時候，一律要靠右行走。後世學者表示，這很可能是有史以來最早見諸紀錄的交通規則。在第一次聖年舉辦近半個世紀後，教會又規定從西元一三五〇年以後，每五十年舉行一次聖年，之後的教宗又改為每三十年一次，最後是每二十五年一次，但教宗也可以自行指定某一個年分為「聖年」，這個習慣一直沿用到今天。

最近一次的聖年，是由教宗方濟各（生於西元一九三六年）宣布，在西元二〇一六年所舉行的「慈悲特殊聖年」。

犯了罪首先就該透過告解悔罪，再用善功來努力抵消自己的罪，如果抵消不了，死後就會在煉獄繼續補行。所以內心真誠悔罪應是前提，可是當大赦的頒布愈來愈多，再加上宣講大赦者觀念上的偏差，頒布大赦的目的遂愈來愈俗化，讓很多教徒誤以為只要捐獻就能獲得大赦，這自然就造成很大的弊病，也是後來導致馬丁路德倡議進行宗教改革的關鍵之一。

另外一個很能反映這個時期，人們宗教生活益發形式化和機械化的例證，就是「崇敬聖人」的變質。崇敬先聖先賢的習慣在教會初期就已相當盛行，在教會日曆上幾乎每天都要紀念一位或數位聖人，但崇敬聖人的目的原本是希望學習他們的精神、效法他們的生活，但在西元十四、十五世紀卻明明白白變成一種交易行為，很多信徒都認定只要做了某些宗教儀式，祈求就必定會應驗，甚至還發展出一些讓人哭笑不得的「共識」，比方說，如果患了什麼病痛該向哪位聖人求助，舉凡牙痛、痛風、不良於行……每個聖人包治的毛病還不一樣呢！

從崇敬聖人進而崇敬聖人的遺骸和遺物往往更是荒誕。在西元十五世紀中葉君士坦丁堡淪陷後，很多流亡到西方的希臘人所帶來的所謂「聖人遺物」都十分可疑，居然還有人兜售耶穌在最後晚餐時留下的一塊麵包！

不過，儘管崇敬聖人和聖人遺物愈來愈被蒙上了迷信色彩，總還不算是違背基督教的信仰，更何況趨吉避凶本來就是人的天性，信徒此類行為無論再怎麼可笑，也還算是情有可原。可如果相信在天主之外，還有另外一些超自然的力量在控制著人們的禍福，這就是徹徹底底的迷信，嚴重違背了基督教的信仰。從中古時代到文藝復興時代，儘管教會當局一再嚴禁星象學和巫術，斥之為迷信，可這些迷信還是屢禁不止、盛行不衰。

◆由民間發起神祕運動

為什麼西元十四、十五世紀，西歐人們的宗教生活會如此形式化和機械化呢？這其中固然受到了因時代變遷所帶來的社會、經濟背景的影響，但不能迴避的一個事實是，教會各個領導階層對此現象，還是應該負起最大的責任，當上自羅馬教宗、下至低階教士，都被捲進時代的潮流當中，日益世俗和功利化，譬如由於教會各項服務都要求獻儀，以至於竟然讓民眾產生一種錯誤的印象，以為金錢是宗教活動的主要因素，這麼一來，教會哪還會有什麼能力來領導廣大的信徒？更不要說不少神職人員在金錢的腐化下，素質確實也是愈來愈糟糕。

後來，連標榜貧窮生活的方濟會和道明會，居然也受到金錢的污染時，就足見教會腐化的問題有多麼的嚴重（我們在卷五《中古史II》中介紹過這兩個組織，他們自西元十三世紀初創立以來，一直是教會的新力軍，曾經挽回了中古教會的頹勢），因此，主張教會應該從事積極改革的呼聲自然愈來愈高，與此同時，亦開始出現了一些具體的行動，這些行動被教會稱為「神祕運動」。

神祕運動起源自民間，由一些俗人和低階教士所發動，其實本質上就是一項教會革新運動，一方面有鑒於教會領導階層的無能與腐化，主張回復到教會初期那種純樸的生活；另一方面為了反對宗教生活日益形式化和機械化，也強調應該重視人們內心的精神生活。

簡單來講，神祕運動不注重基督教的制度和儀式，也不在意關於基督教信仰的諸多神學分析和解讀，只強調應該過一種簡樸的生活，主旨是想要促進人們與天主之間的關係，達到天人合一的最高境界（也可以說是最後目的）。他們主張每個人都必須先洗心革面，使自己的生活完全合乎基督教原來的精神，等到個人達到一定的修為，才有能力慢慢去影響周圍的人，從而進行整個社會的提升。

然而，由於不注重基督教的制度，又似乎經常過分強調人們與天主之間的神祕關係，所以無法獲得教會的理解與支持，甚至往往還被視為有異端之嫌。

神祕運動最早起源於日耳曼萊茵河流域，一位道明會士艾克哈特（西元一二六〇～一三二七年）及其兩位弟子是重要的角色。艾克哈特就曾經以異端罪，被告於當地教會法庭，不過艾克哈特認為自己是道明會士，不應受地方教會法庭的約束，要求亞維儂教廷直接處理，但他不久就過世了。

在艾克哈特死後，他的弟子繼續努力宣講他的思想，仍然是強調實際的靈修之道，而避免抽象的神學討論，引起了不少共鳴，陸陸續續有不少低階教士和修女都主動過起了靈修的生活，還組成了一些泛稱「天主之友」的小團體，但都不是什麼組織嚴密的團體。

在艾克哈特兩位弟子之後，日耳曼的神祕運動就後繼無人，開始衰落。與此同時，尼德蘭的神祕運動興起，即所謂的「新虔誠」，他們相信一個人能站在自己的崗位，用平實簡單的神修方法來達到靈修的美滿生活，反對當時教會中過分

艾克哈特去世後，弟子陶勒仍努力宣揚老師思想。圖為陶勒的講道講義，於 1522 年繪製。

艾克哈特的首席弟子之一，陶勒。

重視神學，而忽略實際生活的需要，認為基督徒的生命價值就是聖善的生活，而不在學問上的成就。

與日耳曼不同的是，尼德蘭的神祕運動很有組織，還創設了學校來教育下一代，所以流傳很廣，影響也比較持久。值得注意的是，尼德蘭神祕運動的真正創始人傑拉德．格魯特（西元一三四〇～一三八四年）是荷蘭人，從小就接受了良好的教育，長大後又赴巴黎大學、科倫大學等地深造。在他三十五歲決心要獻身宗教以後，曾經向當時一位著名的神修家請教過，而這位神修家早年又曾受過艾克哈特的影響，因此後世認為尼德蘭的神祕運動和日耳曼神祕運動，多少還是有一點先後關聯。

格魯特從三十九歲那年開始以俗人的身分講道，在荷蘭境內到處宣揚：一個好的基督徒必須過著像基督和早期教徒那樣的純樸生活，宗教不應該注重華而不實的繁文縟節，而應該注重內心生活的純潔，以期達到天人合一的最高境界。

格魯特是一位很成功的宣道家，他的宣道生活雖然只有短短的五年（他在四十四歲就過世了），但他的宣道以及他個人簡單平實的生活，還是很快就吸引了很多群眾，在他身邊也聚

少年時期受過「共同生活兄弟會」教育的馬丁路德，爾後成為催化宗教改革的重要人物。

集了很多願意獻身宗教的青年男女。在格魯特死後，他的弟子成立了一個小組織，稱為「共同生活兄弟會」，這是一個組織鬆懈的「團契」，沒有一般修會的形式，會員也不受所謂「三願」（貧窮、服從和獨身）的約束，但大家生活在一起，每個人捐獻工作所得來維持大家的生活，同時，大家站在自己的崗位，盡其所能，有的從事講道，有的從事寫作，有的從事抄寫靈修小冊，都是在以生活來具體表現基督的理想。

他們之中出了不少人才，簡單誠樸的生活方式對照那些高階教士浮華的生活，更是一種很大的諷刺。「新虔誠」的流行及「共同生活兄弟會」的發展，對於基督教民間的改革，有著不可磨滅的貢獻。

團契——「團契」一詞源自《聖經》中的「相交」，意思是相互交往和建立關係，既是指上帝與人之間的相交，也是指基督徒之間相交的親密關係。至今，「團契」仍是常用於基督教特定聚會的名稱。

5 宗教改革運動

◆ 宗教改革的背景

發生在西元十六世紀初的宗教改革，不僅涉及當時西方基督教的核心價值，也與各種政治、經濟和文化的因素糾結在一起，造成歐洲社會極大的震蕩，影響所及要經過近半個世紀才漸趨穩定。

有道是「冰凍三尺，非一日之寒」，我們有必要先來看看宗教改革的背景，其中最關鍵的有兩點，那就是神聖羅馬帝國與羅馬教會的雙雙衰落。

在過去，神聖羅馬帝國代表著「一統帝國」，羅馬教會則代表著「一統教會」，這原本都是自羅馬帝國滅亡以後，留給歐洲人的兩大理念，也就是靠著這兩者的存在，歐洲才能保留住一些「大一統」的感覺。因此，長久以來雖然神聖羅馬帝國與羅馬教會為了爭奪權力，有過不止一次的政教衝突，可在基本上兩者仍是屬於相輔相成的關係。

但是，神聖羅馬帝國雖然號稱是歐洲的共主，基本性質卻是一個鬆散的邦聯，又僅局限於日耳曼、波西米亞和匈牙利等地，匈牙利還經常處於回教勢力的威脅之下。自西元十四、十五世紀，隨著封建制度衰退而興起的民族王國或民族國家，譬如英國、法國、西班牙以及北歐（斯堪地那維亞）各國，在進入西元十六世紀以後，都已成為相當有力的政治結構，因此皆不承認在國家主權之外還有更高的權力，也不能容忍在自己國境之內，還有分裂力量的存在。在這樣的情況之下，神聖羅馬帝國自然是搖搖欲墜，形同瓦解。

而羅馬教會，自中古世紀以來，就已經發展出一套組織嚴密又深具大同色彩的制度，規定由樞機主教團所選出的教宗是最高領袖，也是聖彼得的繼承者。在西元十二世紀以後，羅馬教會又發展出一套完整的「聖禮制度」，宣稱從出生後要接受的洗禮，到臨終之際要接受的終敷禮，這些聖禮都是世人得救所必需，可以說教會牢牢控制著每一個人從搖籃到墳墓的歷程；而在這些聖禮之外，每個人終其一生還要積極做很多「事功」，包括做彌撒、念經文、做善事等等，主張信徒必須靠著聖禮和事功來得救。總之，教會主宰著人們一切有關信仰和道德之事，即使是帝王也不可能跳脫其規範，所以一旦被開除教籍是一件極為嚴重的事。

可同樣的，在民族王國或民族國家興起以後，羅馬教會的權威受到的挑戰愈來愈大，而自教廷流亡亞維儂以及西方教會大分裂以後，教會的聲望更是備受打擊，再加上自中古世紀後期以後，羅馬教會內部確實也存在著很多問題，譬如教士素質趨於低劣等等，羅馬教會衰落以及喪失了精神領導的力量，已是不容爭辯的事實，與此同時，要求教會改革的呼聲也就愈來愈大。

宗教改革爆發的原因

宗教改革爆發的原因很多，大體可分為三個方面：

教會的腐敗

除了教士素質低落和清規廢弛之外，教會買賣聖職的情況日趨嚴重，不當開闢財源的方式也愈來愈多，譬如出售**贖罪券**，都給人一種教會愈來愈腐敗的印象，廣受批評。

Confessor et pñiarius Monasterij et Capelle btē Marie virginis diuinitus consecrate loci heremitarū Cōstañ· dyoc) deputatus pñibus recognosco discret)
dictū locū et Capellā visitasse mihiqz sua pctā in forma ecclesie confessz et auctoritate a sede aplica mihi in hac parte cōcessa iniūcta pnia salutari absolut) In quorū fide pñtes litteras tradidi sigilloqz in huiusmodi litteris cōsueto signaui· Anno M.ccccc.xxi

教廷因應財政問題，開始販賣贖罪券。圖為 1521 年發售之贖罪券內容。

贖罪券發售之景象。

贖罪券——贖罪券的理論成形於西元十三世紀，大意是說，耶穌和許多聖徒在世時因為都做了特大善行，累積了很多很多的功德，這些功德都存在天上，稱為「功德寶庫」，教宗在必要時有權從裡頭支出一些，來彌補功德不足的人，使他們也能獲得恩寵而得救。到了西元十五世紀以後，贖罪券已成為一樁有厚利可圖的買賣。等到進入西元十六世紀，情況就更是糟糕，教會為了籌措興建教堂經費之類的目的，竟然告訴信徒，購買贖罪券可以得到等同於至羅馬朝聖的功德，甚至還委託銀行經辦發行贖罪券的業務，然後讓銀行抽成，這些充滿金錢交易性質的做法，都引起很大的爭議。

民族國家的興起

在中古世紀後期，一些民族王國已漸漸興起，慢慢發展成民族國家，到了西元十五、十六世紀，這些民族國家的發展都已相當成熟，各國君主與政府都很願意藉由支持宗教改革來削弱教會的勢力，如此就可以名正言順來與教會爭奪土地的控制權、司法的管轄權，還能反對**教會在經濟方面的諸多主張**，甚至希望能夠趁機剝奪教會的財產。

文化因素

關於文藝復興與宗教改革之間的關係，雖然截至目前為止尚無定論，但一般認為文藝復興運動對於宗教改革的產生，應該還是有一定的影響，比方說，在文藝復興時代，歐洲文學的主流是人文主義文學，義大利正是人文主義文學的發源地，「**文藝復興前三傑**」也都是義大利人，而人文主義的核心精神之一，就是反對中古世紀封建教會所鼓吹的「以神為本」，而主張「以人為本」、肯定人的價值與尊嚴。這種思想對於教會自然是形成很大的衝擊，再加上中國的印刷術大約在西元十五世紀時傳到了歐洲（我們在卷五《中古史II》講述過），前

教會在經濟方面的諸多主張——主要是指教會擁有大量的土地和財富，但不僅不納稅，每年還要向各國各地人民徵收什一稅等。同時，教會關於「為牟利而經營是不道德的」、「放款生息犯了重利盤剝罪」等的觀點，也與日益茁壯的資本主義不能相容。

文藝復興前三傑——但丁（西元一二六五～一三二一年）、佩脫拉克（西元一三〇四～一三七四年）、薄伽丘（西元一三一三～一三七五年）是文藝復興運動的先驅者，他們也都是義大利人，被稱為「文壇三傑」與「文藝復興前三傑」。

但丁著名的作品《神曲》，描述遊歷地獄、煉獄以及天堂的過程。

曾被授予「詩人桂冠」的「人文主義之父」佩脫拉克。他曾說過：「我自己是凡人，我只要求凡人的幸福。」充分顯示文藝復興時代思想上的轉變。

薄伽丘以《十日談》聞名後世，書中以黑死病時期為背景，講述10位男女所分享的故事，是寫實文學的一大經典。

一節中提到過的「新虔誠」等神祕運動，都可以藉由印刷術來大量且快速的傳播他們的思想，更加深了人們對於教會的質疑。

新教的興起

所謂宗教改革，包括了兩個層面，那就是新教的興起和羅馬公教會的改革。在這一小節中，我們先來看看關於新教的興起。最重要的新教有三個：

路德教派

代表人物是日耳曼人馬丁路德，他就是整個宗教改革運動的首倡者，在西方歷史上占有極為重要的地位，對於推動歷史的進程影響巨大。

路德出生於一個自耕農家庭，十八歲進入艾福特大學修習教會法，經過四年完成學業以後因為志趣不合，又繼續進入奧古斯丁修院學習，二十四歲成為教士，翌年他奉派至威登堡大學研究和任教。

二十七歲那年，路德曾經前往羅馬，看到不少教會上層人士精神廢弛和糜亂的現象，令他非常震驚。兩年之後，他取得神學博士學位並且成為了教授，也就是從這個時候開始，路德一邊讀書一邊

AETHERNA IPSE SVAE MENTIS SIMVLACHRA LVTHERVS
EXPRIMIT AT VVLTVS CERA LVCAE OCCIDVOS
M·D·XX·

發起 16 世紀宗教改革的馬丁路德，早年為奧古斯丁修院的教士。

思考，大約在三十二歲左右發展出「信心得救說」，很明顯就是用來反對教會向來所主張的「聖禮及事功得救說」。

其實嚴格來講，「信心得救說」並不是路德首創，在西元一五一二年（路德取得神學博士學位那一年），法國神學家和人文學者勒菲弗赫（西元一四五〇～一五三六年）在《聖保羅書信》中，就提倡信心得救。三年後，路德讀到《聖保羅書信》，對於勒菲弗赫的觀點深以為然，然後又深入研讀相關書籍，做進一步的完善，最後根據《羅馬書》第一章十七節「義人因信而生」的概念大加發揮，發展出「信心得救說」。

路德主張應該把靈魂交付給上帝，並認為事功只是我們內心在得到神的恩典以後，一種自然而然的外在表現，其實上帝無論要拯救誰或是要詛咒誰，都不會看他在事功方面的表現如何。

不過，此時路德還沒有積極宣講自己這番心得，是一直到西元一五一七年十月底（這年路德三十四歲），由於實在看不慣贖罪券的問題，路德終於爆發了，寫了《九十五條論綱》，張貼在威登堡教堂的門前，他在嚴厲抨擊教會

馬丁路德以《九十五條論綱》批判教會販賣贖罪券的行為，正式打響宗教改革的第一槍。

種種腐敗行徑、尤其痛罵贖罪券的不當之餘，更直接攻擊聖禮和事功，這可是羅馬教會的核心教義。這九十五條內容後來經印刷傳至各地，還從拉丁文被譯為德文，很快就引起了廣泛的共鳴，吸引不少的追隨者形成一個新的教派，被稱為「路德教派」。

路德認為「每個人都是他自己的教士」，提倡信心或信仰最為重要，被後世視為宗教的個人主義觀。路德一生著作甚豐，為了使日耳曼任何一個有閱讀能力的人都可以直接閱讀《聖經》，而不必像過去那樣依賴教會或神父，他還用心將《聖經》翻譯成德文，這也是他最偉大的功績之一，同時，不僅是在宗教上的影響，由於他的譯筆十分優美流暢，對於德國語言文學也產生了很大的影響。

路德教派的教士可以結婚，而他們的地盤大體上是在日耳曼北部，在西元一五二〇年傳入北歐，後來也傳到歐洲以外的地區。

喀爾文教派

喀爾文教派興起於瑞士日內瓦。當路德發動宗教改革的時候，在瑞士也有一些獨立於路德的宗教改革活動，其中比

提出「預選說」的喀爾文，同馬丁路德一樣，是重要的宗教改革領袖。

較著名的是慈運理（西元一四八四～一五三一年）。他與路德年齡相仿，也受過嚴格的人文主義學術訓練，先後在維也納和巴塞爾大學進修，以斥責瑞士人不該為外國做傭兵而著稱。

慈運理的宗教改革帶有政治和社會的色彩，他跟路德一樣，不承認教士握有信眾所沒有的神績的力量，不過他認為在優秀牧師的帶領之下，還是更容易喚起社會良心和宗教情操。

慈運理認為人生的目的在榮耀上帝，此外，他不認為僅靠信心就可以得救，主張「得救預定論」，意思是只有上帝所選定的少數人才能夠得救，雖然我們無法預知自己究竟是否在得救之列，但如果能夠抵抗各種試探及誘惑而過著聖潔的生活，就有希望得救；相反的，如果多行不義，又屢屢違反誡命，則必遭沉淪。

喀爾文教派的發展非常迅速，各國的宗教改革派都紛紛派代表至日內瓦學習。喀爾文教派後來也陸續外傳，傳至蘇格蘭被稱為「長老會」；傳入英格蘭被稱為「清教徒」，信徒多屬中產階級；傳入法國被稱為「胡格諾教派」，主要分布在法國西南部；還傳到日耳曼、波蘭、匈牙利、波西米亞等地，傳入荷蘭後更與抵抗西班牙統治的民族主義力量相結合。

慈運理與馬丁路德、喀爾文並列宗教改革時期重要的神學思想家。

●英國國教派

又稱為「英國國教教會」。此教派與當時其他地區宗教改革最大的不同是，這是由君主而非教會人士所發動的改革，整個過程比較複雜，成形所花的時間也久得多。

起因是英國國王亨利八世（西元一四九一～一五四七年）想要另娶，訴請教宗註銷他與王后已維持了十八年的婚姻，但因王后本是西班牙公主，又是神聖羅馬皇帝查理五世的姑媽，面對亨利的要求，教宗基於政治考量，左右為難，便拖而不決。西元一五三一年起，亨利遂憤而開始杯葛教廷，同年，英國教會同意他為英國教會最高領袖，翌年，他即強勢命國會通過了一些剝奪教會權力的法令，譬如凡是經過英國法院判決的案件，不可再上訴羅馬，以及禁止教士再向羅馬教廷繳納首年俸（這本是一項慣例）。又過了一年，亨利還任命一位有路德信仰的神學家，為坎特伯里大主教。

這個時候，羅馬教廷並不想跟亨利鬧翻，便還是頒發諭令，勉強承認了這項任命，然而，當新任坎特伯里大主教火速宣布亨利與王后的婚姻無效，並著手安排亨利與新歡的婚禮時，教宗還是開除了亨利的教籍。到這個時候，亨利八世與

為了跟元配離婚，不惜槓上羅馬教廷的英國教會的領導人，英國國王亨利八世。

羅馬教廷之間的矛盾遂達到了最高點。

接下來，亨利八世自然是採取了很多反制措施，不過此時他仍無意要變更英國教會的教義和組織，只是想要一方面保住羅馬公教，但另一方面又能夠不受羅馬的干預。站在教廷的立場，亨利八世帶起的這些風波算是「分裂」，而不是「異端」。

經過十餘年的紛爭，西元一五四七年，亨利八世過世，享年五十六歲。年僅十歲的愛德華六世（西元一五三七～一五五三年）即位，愛德華六世是亨利八世與第三任王后所生。當初亨利為了想要與之結婚，而不惜與羅馬教廷劍拔弩張的第二任王后，竟然在婚後數月就與亨利感情破裂，被亨利關進大牢，隨後還被斬首，非常悲慘。

愛德華六世即位時因為年紀還小，國家大事便由他的舅舅與坎特伯里大主教攝政，由於這兩人都屬於新教的同路人，英國至此才慢慢走上了新教的道路，但真正臻於成熟還要再過半個世紀左右。

愛德華六世很短命，即位六年就死了，王位由他同父異母的姊姊繼承，即瑪麗一世（西元一五一六～一五五八年），是亨利八世與第一任王后所生。

瑪麗一世即位時是三十七歲，翌年便與比小她十一歲的西班牙國王結婚，但這樁政治婚姻不能帶給瑪麗幸福，很多英國人民也為此都視西班牙為敵國。

瑪麗一世是一位虔誠的公教信徒，決心要讓走向新教的英國重回羅馬教會陣營，為了達到這個目的，她以異端罪為名，燒死了將近三百人，其中還包括當年宣布她父母親婚姻無效的那位坎特伯里大主教！瑪麗一世的殘酷，使她在民間得到一個「血腥瑪麗」的稱號（現在有一款加了番茄汁的雞尾酒「血腥瑪麗」，名字就是因她而來）。

她在位五年後過世，享年四十二歲，由同父異母的妹妹繼位，那就是鼎鼎大名的伊莉莎白一世（西元一五三三～一六〇三年），她是當年亨利八世與那位宮女出身、倒楣的第二任王后所生。伊莉莎白一世在位四十五年，在英國歷史上是一位相當重要的人物（我們在下一卷《近世史Ⅰ》中，會對伊莉莎白一世再做進一步的講述），現在我們只需要知道，英國國教派是在她任內成形的。

英國國教派是由政府（其實就是君主透過國會）來決定教義，屬於一種妥協的產物，有意將新教與舊教教義兼容並蓄，俾能讓各派教徒都能接納。由於配合

瑪麗一世與其夫婿，西班牙的菲利普二世。
兩人皆信奉羅馬公教，相當排斥新教徒。

英國女王瑪麗一世曾於任內燒死了將近三百名異教徒，而有「血腥瑪麗」之稱。

伊莉莎白一世，英國史上最重要的女王之一。她終生未婚，將一生奉獻給了英格蘭。

了當時多數人的宗教需要，因此也避免了宗教內戰。在組織上，則保留了中古教會的結構與建築，但不再有修道院。

同樣的宗教政策也推行到了愛爾蘭，建立一如英國教會分支的愛爾蘭教會。後來再傳到了其他地方，如傳到美國，稱為「新教監督教會」，也傳到加拿大，稱為「聖公會」等等。

羅馬公教會的改革

其實羅馬教會一直有自我改革的傳統，在西元十六世紀，羅馬教會或羅馬公教本身也有改革的運動，稱為「公教改革」，或「對抗改革」。事實上，後世熟悉的「宗教改革（Reformation）」一詞，便是出自公教所用的拉丁文「改革（reformare）」。

教宗保祿三世（西元一四六八～一五四九年）在西元一五三四年即位以後（也就是在馬丁路德提出那《九十五條論綱》的十七年後），就矢志改革，而在他之後的幾位教宗也都能從事改革，至此「文藝復興教宗」終於被著重改革的教宗所取代。

教會內部的改革者，教宗保祿三世。

為了推動改革，保祿三世在即位三年後就召集大會，但因法國與神聖羅馬帝國之間的戰爭而無法集會。五年後，保祿三世再頒召集令，這回是因僅有一些義大利籍主教可出席、出席人數太少而被迫停止。保祿三世繼續努力，終於在又過了三年之後，於西元一五四五年，在位於日耳曼和義大利交界處、阿爾卑斯山區的特倫特集會。

這個會一開就是近二十年，西元一五四九年保祿三世過世的時候都沒看到它閉幕，要再過十四年、西元一五六三年才宣告結束。不過，會議是間歇性的分為三個會期召開，而且在此之後，教會長達三百年都沒有再舉行大會。

這個大會有雙重使命，就是重定教義和改革教會，結果在兩方面都頗有成效，比方說，宣布得救需仰賴事功和信心、澄清告解與赦免的程序、嚴禁買賣聖職、不准濫發贖罪券但仍承認其理論與原則等等。

公教改革運動的一大收穫是促進了新修會的成立，其中最著名的是西班牙人羅耀拉（西元一四九一～一五五六年）

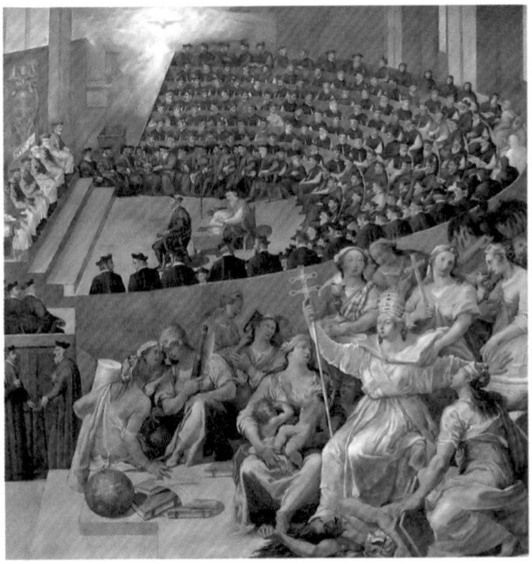

特倫特會議是羅馬公教會對於新教改革的回應，以及對於自身內部問題的重新審視與調整。

羅耀拉為耶穌會的創始者，是宗教改革時期中重要人物。

所建立的「耶穌會」。

羅耀拉本來是一位西班牙軍官，後來因傷退役。退役之後，他就先後在西班牙各大學及巴黎大學研讀神學，漸漸萌生想要獻身傳教事業的想法。在四十三歲那年，羅耀拉與六個志同道合的夥伴計畫前往中東，去向回教徒傳教，但因土耳其戰爭受阻，無法成行，可是他們依然沒有放棄要去遠方傳教的念頭。

耶穌會士純粹由男性所組成，都經過很嚴格的養成教育，致力於教育、異域傳教、研究科學與人文，這三方面的事務，從西元一五四〇年獲得保祿三世的批准之後，經過八十幾年的發展，至西元一六二四年，成員已超過一萬六千人，成為一個強而有力的國際傳教組織，不僅在歐洲與新教奮戰，還傳教海外，把天主教傳入中國的利瑪竇（西元一五五二～一六一〇年）就是一位耶穌會士，當時正值中國明朝末年萬曆年間。

同樣是在明朝來到中國的耶穌會士還有艾儒略（西元一五八二～一六四九年）、湯若望（西元一五九一～一六六六年），清朝初年還有南懷仁（西元一六二三～一六八八年）等等。

這些耶穌會士為中國帶來了很多西方的科學知識，譬如被稱為「吸收西學的先驅」以及「近代科技先驅」的徐光啟（西元一五六二～一六三三年），就是在

利瑪竇（左）與徐光啟（右）合譯中文版的《幾何原本》，顯示此時的耶穌會傳教士扮演著傳輸知識的角色。

利瑪竇的幫助之下翻譯了《**幾何原本**》，為中國近代數學打下了非常重要的基礎。

宗教改革的影響

如前所述，宗教改革是西元十六和十七世紀非常重大的歷史事件，就像它複雜的成因一樣，也產生了多方面的影響。

教會分裂

首先，教會過去統一的局面分裂，新教各派興起，再加上羅馬教會本身也進行了改革，在西元十六世紀後期，歐洲的宗教分界線已經大致是今天這樣的狀態，英國、蘇格蘭、荷蘭、北日耳曼和東日耳曼（今德國北部和東部），以及一部分的瑞士和北歐，為認同新教的地區；愛爾蘭、尼德蘭的南部（今比利時）、南日耳曼（德國南部）、萊茵地區、奧地利、西班牙、葡萄牙、波蘭、義大利為天主教（舊教）的地區。當然，在新教區的勢力範圍之內仍會有少數舊教徒，同樣的在舊教區裡也會有少數新教徒，這麼一來就不免會經常發生對立的情況，嚴重一點的就會導致宗教迫害和宗教戰爭。

《幾何原本》——《幾何原本》，又稱《原本》，是古希臘數學家、被譽為「幾何之父」的歐基里德（約西元前三三〇～前二七五年）所著的一部數學著作。這本書被後世公認為歐洲數學的基礎，也是有史以來最成功的一本數學教科書。

徐光啟聽利瑪竇說《幾何原本》這本古書在西方極為重要之後，便發願要將它譯成中文。中文版於西元一六〇六年出版，書中所有點、線、面、直角、幾何、平行線等等這些名詞，都是徐光啟在聆聽利瑪竇的講解之後，自己細細揣摩然後創立出來的，真是出奇的貼切，一直沿用至今。

●政治層面

在政治上，民族主義的興起以及民族國家對國權完整的要求，本來就是宗教改革的動力之一，所以宗教改革的結果，無疑助長了民族主義的茁壯和君主專制的強化。

在經歷了宗教改革以後，一些新教都成為了民族國家的國教，譬如，路德教會成為北日耳曼各邦及斯堪地那維亞半島各國的國教；喀爾文教派成為蘇格蘭及荷蘭的國教；英國也有了自己的國教教會。即使是在依然信奉羅馬教會的國家，在宗教改革之後，教會也都各自表現出不同程度和不同形態的民族色彩。

這麼一來，宗教情緒和民族情緒自然而然就會相互增強，無形之中催化了某些民族對於爭取獨立的奮鬥，所以喀爾文教派才會協助荷蘭人來抵抗西班牙，羅馬教會也才會協助愛爾蘭人來抵抗英國。

教會與君主之間的關係，當然也發生了重大的變化。在教會成為君主專制的輔助力量之後，教會就自然而然的走下

喀爾文教派也有參與的「荷蘭獨立戰爭」。這場戰役讓原本屬於西班牙帝國一部分的哈布斯堡尼德蘭地區獨立，建立「荷蘭共和國」。

坡，「君權神授」的理論繼之而起，西元十七和十八世紀遂成了君主專制的時代。

社會經濟

而在社會與經濟方面，宗教改革促進了資本主義精神的發揚，導致資本主義制度的成長和資產階級的興起。

新教的價值觀和道德觀，顯然都比舊教要符合工商階級的需要，譬如馬丁路德倡導「職業神聖」，認為每個人對上帝都有其天職，只要盡力履行這個天職，就算是恪遵上帝的旨意；喀爾文教派特別強調勤勞和節儉的可貴，指出怠惰是萬惡之源，唯有認真工作才能使人免於誘惑，不會做出令上帝不悅的事情。同時，喀爾文教派認為賺取利潤是合理的報酬，如果在商業上獲得成功，那是意味著受到了上帝的眷顧……凡此種種，都很符合商業人士的心理需求，甚至有學者指出，資本主義精神根本就是新教（尤其是喀爾文教派）的副產品。

教育機構

此外，在宗教改革以後，教育明顯變得比較發達。不僅新教領袖譬如路德、喀爾文等都大力興學，從初級和中學教育一直到大學教育，無不積極教育著每一個年齡段的群眾，羅馬教會從保祿三世以降的好幾位改革派教宗，以及耶穌會士，也都是以普及教育做為自身的責任。

●個人主義

最後，在宗教改革之後，無論是個人主義或現世精神色彩，都獲得了強化。而在世俗政府紛紛接管了許多在中古世紀原本屬於教會的業務之後，教會遂逐漸成為私人信仰的所在。

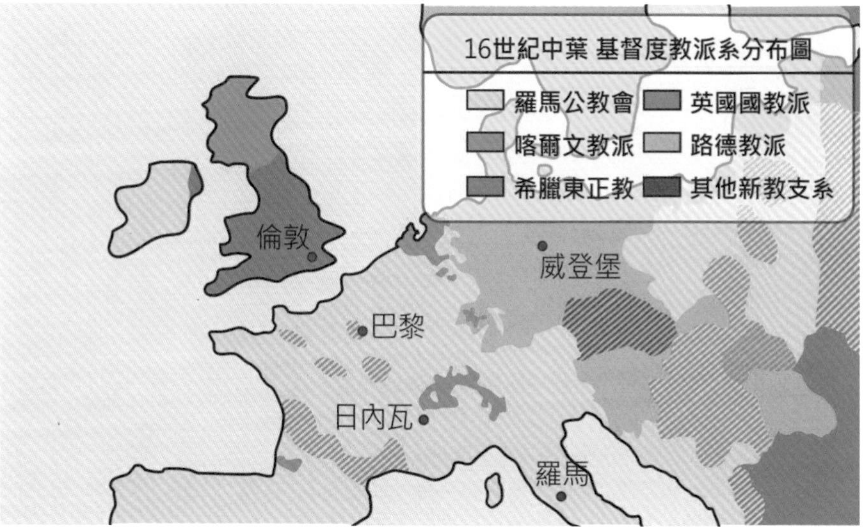

第三章 走出舊地域

西元十五世紀晚期以後，西方歷史在很多方面都呈現出一種新的氣象，西歐基督教統一的局面消失、民族王國的興起、印刷術普及，以及非常重要的地理大發現，這些新氣象都能顯示出西方歷史在政治、經濟和思想方面的重大變化。

在這一章，我們就來了解一下當時的人們是如何走出了舊地域，開闢一片新天地。

1 歐洲的擴張：地理大發現

我們首先要了解的，是有關地理大發現的成因，實際上就是歐洲向外擴張的成因。

歐洲為何要向外發展？

如果純粹從面積來看，歐洲是世界各洲中較小的，與亞洲、非洲，以及南美和北美的總和都沒法比，而且如果從地緣觀點來看，歐亞大陸實在難以分割，歐洲可以說是亞洲伸向大西洋及其兩支（地中海與北極海）之間的一個半島，但是歐洲有很多得天獨厚之處，包括土地全部都在溫帶之內（除了歐俄之極北端以外），各地都可得到充分的雨量、而且全年落雨稱得上平均分配，也沒有嚴重的颶風、龍捲風等天災，更重要的是，歐洲的可耕種面積與其他各洲相比都要來得多，大約有百分之四十的土地都適宜耕作，和亞洲（只有百分之六）、北美（只有百分之十）、南美（只有百分之五）、非洲和大洋洲（各只有百分之三）適合耕種的土地相較，歐洲的優勢十分明顯。

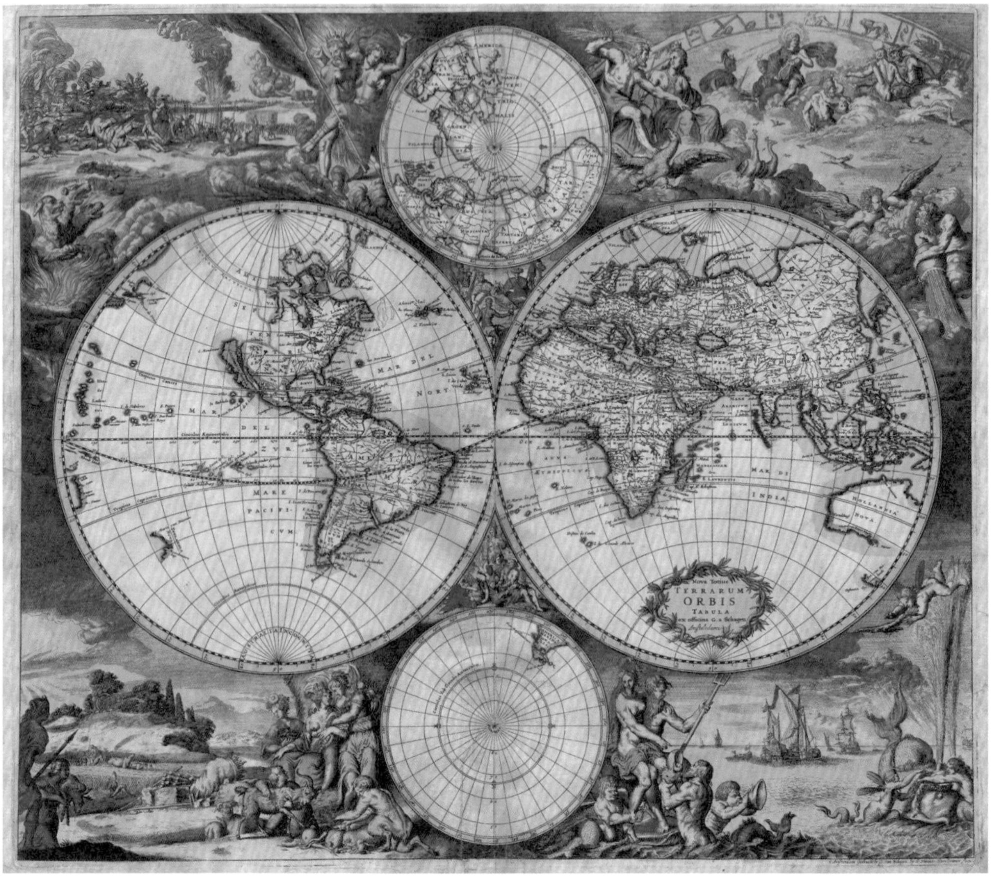

1689 年製於阿姆斯特丹的世界地圖，可以看到歐洲土地面積比其他洲來得小。

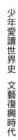

然而歐洲畢竟面積較小，一些高價值的貨物自古以來又一直是依賴外地的輸入，長久以來從印度到地中海的水陸交通，都掌握在回教商人（也就是阿拉伯商人）的手中，這令向來以勤奮和富有創造力著稱的歐洲人民相當不滿。遠在西元十五世紀以前，他們就有了希望能夠與東方直接貿易、而不必假手義大利人和阿拉伯人的念頭，他們認為「沿非洲南向」或者「西航去亞洲」，都是可能的路線。

除了經濟原因，從政治和宗教的層面來說，傳教異域、把基督信仰帶給異教徒，原本就是基督徒最大的抱負。在基督教興起之後的頭四百年，希臘、羅馬世界和南歐的人民都皈依了基督；從西元五至十二世紀，傳教士開化了中歐和北歐的蠻人，福音還到達了冰島和格陵蘭；自西元十二至十五世紀，成千上萬的傳教士和十字軍湧入近東，極其重要的目的之一，就是希望能夠把當地老百姓從回教勢力之下爭取過來……總之，當西元十五世紀，基督教已經擁有了整個歐洲以後，對亞洲和非洲的興趣自然是日益升高。

◆ 技術與知識的成熟

以上種種都是促成歐洲擴張的動力，主要在前面衝鋒陷陣的就是商人和傳教士。當然，僅憑商人和傳教士的熱忱也還不夠，歐洲擴張之所以能夠有成效、地理大發現之所以能夠成為可能，還必須仰賴地理知識與航海技術的進步。

在地理知識方面，自中古世紀以來，歐洲人一方面得自希臘人的理論與實際經驗，另一方面得自阿拉伯人的傳授，對於歐陸以外的世界已經大有了解；自西元十三世紀以來，東西交通已經頗為發達，羅馬教宗和法國國王都不止一次派出信使，千里迢迢與蒙古接觸，我們在卷五《中古史II》中提到過的《馬可波羅遊記》等遊記，對於開拓新航線也產生了推波助瀾的效果。

基本上，到了西元十五世紀，在歐洲只要是受過教育的人，已經大多相信地球是一個圓形，認為只要沿著地球航行，最後終能回到家鄉，中古世紀的地圖也已經能夠把歐洲、北非、西亞和印度洋附近各島嶼，標記得很清楚。

而在航海和造船技術方面，歐洲人在西元十五世紀時亦大有成就，這主要得力於羅盤和天體觀測儀的傳入和流行，前者是在西元十二或十三世紀時，經由阿拉伯人從中國傳入，在西元十五世紀中葉已經被廣泛使用；後者則很可能是在希臘化時代的天文學家發明以後，經阿拉伯人改良，然後與羅盤差不多在同時傳入歐洲。

中國有句老話，「工欲善其器，必先利其器」（出自《論語》），工匠如果想要把工作做好，一定要先讓工具鋒利（或指一定要有好的工具），意思是說，想要做好一件事，準備工作非常重要。正是由於工具、技術上的進步，才有了驚人的地理大發現。

2 中國的鄭和下西洋

西元十五世紀，不僅歐洲有了地理大發現，中國也積極走出了舊地域，而且在時間上比歐洲人還要更早。

西元十五世紀末，當葡萄牙的航海家達伽馬（約西元一四六九～一五二四年）沿著非洲西海岸繞過好望角，抵達東非海岸時，從當地人的口中非常吃驚的得知

葡萄牙航海家達伽馬的肖像畫。

「在幾十年前，中國人就曾經來過我們這裡好幾次」，而這裡的「中國人」指的正是明朝鄭和（約西元一三七一～一四三三年）所統率的船隊。後來，達伽馬等人就是沿著鄭和船隊所開闢的航線，順利到達了印度。

◆中國有史以來最偉大的航海家：鄭和

鄭和是打開從中國到東非航道的第一人，他的航行比哥倫布（西元一四五一～一五〇六年）首航美洲大陸還要早了八十幾年，比達伽馬繞過好望角到達印度早了九十幾年，比麥哲倫（西元一四八〇～一五二一年）到達菲律賓更是早了超過一個世紀。除了在時間上較早，若論規模之大，鄭和所率領船隊的規模也是哥倫布等人所遠遠不能及的；從一進入西元十五世紀、西元一四〇五年（明成祖永樂三年）開始，鄭和七下西洋，前後歷時二十八年，每一次動輒都是出動寶船幾十艘、帶著兩萬多名隨行人員，這樣的陣仗著實令人驚歎。

鄭和是回族人，雲南昆陽洲（今昆明市晉寧區）寶山鄉和代村人，原姓馬，小名「三寶」，由於他後來成為一個太監，所以在中國民間，不少人都習慣將鄭和的事績稱之為「三寶太監下南洋」。

「南洋」是明清時期對東南亞一帶的稱呼，包括今天的馬來群島、馬來半島、菲律賓群島、印度尼西亞群島、中南半島沿海等地，是一種以中國為中心的概念。不過，在清朝有時也會把江蘇以南的沿海諸地稱之為「南洋」，而把江蘇以北沿海稱為「北洋」。

鄭和的探險家氣質應該多半是遺傳自父親，據說他的父親曾經漂洋過海到過伊斯蘭教的聖地麥加，頗富探險精神。

那麼，鄭和又是在什麼時候成為太監的呢？是在明太祖朱元璋（西元一三二八～一三九八年）統一雲南的時候，那時，鄭和被明軍所俘虜，被閹入宮。後來他侍奉燕王朱棣（西元一三六〇～一四二四年），在三十三歲左右時，因為在「靖難之役」中立了軍功，而被賜姓「鄭」。

「靖難之役」又稱「靖難之變」，是在明太祖朱元璋過世不久後爆發的，統治階層爭奪帝位、叔叔搶姪兒皇位的戰爭，歷時三年（西元一三九九～一四〇二年），最終由叔叔燕王獲勝，同年即位，是為明成祖。而原本在位、結果被叔叔搶了皇帝寶座的建文帝朱允炆（生於西元一三七七年）由於在戰亂中下落不明，讓叔叔明成祖的心裡很不踏實。

關於朱允炆的結局始終是眾說紛紜，有的說他是在宮中自焚而死，有的說他當時是從地道逃走，後來就一直隱藏於雲、貴一帶，出家為僧，還有的盛傳其實他是遠走海外避難……據說就是為了尋訪建文帝的蹤跡，加上當時東南沿海殘存的反明勢力仍然相當活躍，另一方面明成祖也很希望自己所統治的王朝，能夠像盛唐那樣威名遠播，這些因素交織在一起，最終促成鄭和下西洋的壯舉。

當然，在多重因素、多重動力之下，不難想見在明朝初年，中國的造船和航海術必定已經發展得相當發達，否則鄭和下西洋這樣的壯舉也無法付諸實施。

鄭和之所以能雀屏中選成為下西洋的統帥，是經過明成祖多方的考量。首先，由於鄭和是回族人，兼涉佛教和伊斯蘭教，明成祖認為這對於要完成下西洋的使命有很大的助益；其次，鄭和具備軍事才能（這在「靖難之役」中已有所展現），深獲明成祖的信任；再加上鄭和身材魁梧，正當壯年，這些都是替鄭和大大加分的特點。

按書上記載，鄭和屬於大智大勇的人物，這除了每每表現在船隊面對海上風暴等種種挑戰時，鄭和都能指揮若定之外，七次下西洋的過程中，鄭和也曾經三次用兵，且每一次都有令人激賞的英勇表現，譬如，他先後指揮消滅了猖獗一時的海盜陳祖義；粉碎錫蘭王亞烈苦奈兒妄圖搶劫寶船的陰謀；生擒蘇門答臘偽王子蘇干剌（無異是協助蘇門答臘擺平了國內爭端）等等。三次用兵，主要都是為了保衛船隊，可以說是為了自衛，而消滅海盜也保障了海上交通的暢通，因此深受各國的歡迎。

鄭和可以說是將自己大半生都奉獻給了航海事業。第一次下西洋時，他才三十出頭，年輕力壯，而在西元一四三一年（明宣宗宣德五年）元月第七次下西洋，出發時他已經是一位年過六旬的老人。兩年多後，船隊回到京城南京，鄭和卻沒能一起回來，因為他已在返航途中過世了。

鄭和是中國有史以來最偉大的航海家，同時也是相當傑出的外交家，他七下西洋的行蹤遍及亞非三十幾個國家及地區，形同鋪設了一條中國通往西方的海上絲綢之路，不僅大大宣揚了明朝的國威，使中國與這些國家都建立了和平友好的關係，也傳播了中華文明，影響十分深遠。

而從整個世界史的角度來看，鄭和下西洋的成就也是可圈可點。除了我們在本節一開始所說的，他開闢了亞非的洲際航線，為西方人的大航海奠定了基礎之外，還有其他許多傲人的成績，譬如，對西太平洋和印度洋都進行了海洋考察，搜集和掌握了許多海洋科學方面寶貴的數據，這比西方所進行的同性質的科學活動，至少要早了四百多年，其中《鄭和航海圖》就是搜羅了大量海洋調查之後所繪製的。

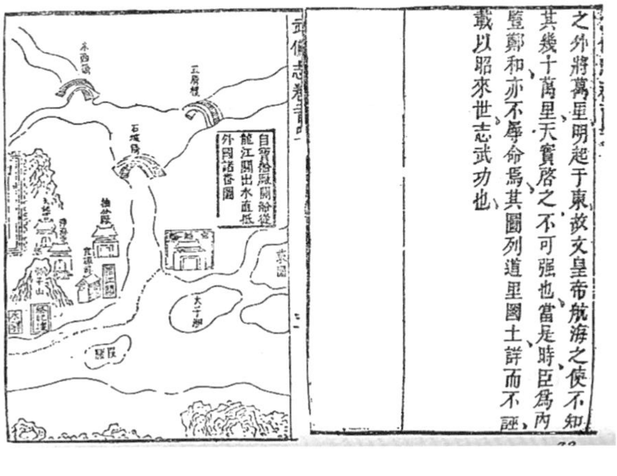

《鄭和航海圖》的部分內容。《鄭和航海圖》共有20張航海地圖與超過百條航行路線，為「中國史上最早的航海地圖」。

3 葡西兩國的航海競賽

◆跨出第一步的葡萄牙

在歐洲向外擴張的初期，居領先地位的是葡萄牙人。這裡頭有很多原因，包括葡萄牙地瘠民窮，當局認為如果不能把野心分子的注意力轉移到海外，擔心他們會在國內生事（無怪乎最早領導葡萄牙人進行海外探險的是王室成員）；葡萄牙位於伊比利半島，受到西班牙的限制以至於無法向陸上發展，只能朝海上求出路（大西洋是他們唯一的出口）；葡萄牙的地理位置相當不錯，剛好在沿著非洲或朝向南美航海探險的「起飛點」上等等，這些都是造成葡萄牙人要向海外發展的原因。

後世學者指出，在歐洲各個民族中，葡萄牙人很可能是第一個意識到海洋是聯繫世界各地最便利的管道、而非障礙的民族。

早期領導葡萄牙人進行海外探險的亨利親王（西元一三九四～一四六〇年），一方面運用官方資源來支持海外航測和探險的工作，另一方面設立天文臺、造船廠以及研究航海和地理的學校。他堅信在大西洋與印度洋之間有一個海峽，或是一個開放的海域，把大西洋與印度洋聯繫在一起，這個海峽（或是開放海域）的位置應該是在非洲以南，經過這條海路一定可以直通印度等地。

為了找到這條海路，亨利親王不斷派出船隻出海遠航，漸漸有了一點一滴的收穫。在西元十五世紀中葉、亨利親王過世的時候，葡萄牙水手已經可以沿著非洲的西岸航行。到了西元十五世紀下半葉，葡萄牙人已經可以直接從西非的幾內亞沿岸取得象牙、胡椒等貨品，不過，他們對於想要尋找直通東方的航道的念頭始終念念不忘。

奠定葡萄牙海上發展基礎的核心人物，亨利親王。

在西元十五世紀末（西元一四八八年），葡萄牙人狄亞士（約西元一四五〇～一五〇〇年）終於發現了非洲最南端的岬甲，因為當時多暴風雨、海浪洶湧，狄亞士稱之為「風暴角」，後來回去向國王報告，卻被國王改名為「好望角」，國王讚美這是一條讓西方探險家通往富庶東方的航道。

九年以後（西元一四九七年），另外一個葡萄牙人、就是我們在上一節中提到過的達伽馬，從里斯本出發，花了十個月左右，終於到達位於印度西岸的科日可德，並且不顧當地商人的阻擾，載了大批胡椒和肉桂，翌年回到葡萄牙。至此東西海路完全打通，接下去葡萄牙就大事經營其海上商業帝國，為此還不止一次與阿拉伯商人武力相向。

描繪葡萄牙航海家狄亞士船隊前往岬角的圖畫。狄亞士曾沿著非洲西岸抵達非洲最南端，將該地命名為「風暴角」，後來，國王再更名為「好望角」。

後來居上再超越的西班牙

不過，葡萄牙畢竟是小國寡民，想要在遠洋之外建立龐大的帝國，終究是力不從心，再加上西元一五八〇年在西班牙國王**菲利普二世**（西元一五二七～一五九八年）的統治下，葡萄牙與西班牙聯合起來共戴一君之後，葡萄牙就漸漸被邊緣化了。

此時西班牙屬於強國，在東方已經擁有菲律賓群島。從西元十六世紀下半葉開始，西航發現主要都是西班牙人的成就，同時，他們還廣納人才，在地理大發現中貢獻最大的、原籍義大利的航海家哥倫布（西元一四四六～一五〇六年），就是為西班牙效力。

哥倫布堅信可以沿著大西洋西航到達日本、中國和印度，一開始他是向葡萄牙尋求支援，但葡萄牙官方經過評估後，認為他是吹牛大王，不肯資助。於是在西元一四八五年，時年三十九歲的哥倫布來到西班牙，花了六年的時間不斷的遊說，最後王室終於接受了他的計畫。

西元一四九二年八月初，四十六歲的哥倫布率領著三艘小而堅實的船隻（最大到達百噸），以及連同他在內一共八十幾個人，離開了

菲利普二世——菲利普二世是神聖羅馬帝國皇帝查理五世的兒子（我們在第一章講述哈布斯堡王朝時提過）。菲利普二世在二十七歲那年，以王儲的身分與英格蘭女王瑪麗一世（即「血腥瑪麗」）結婚，但婚後幾乎沒在英格蘭住過。西元一五五六年，查理五世宣布退位後，菲利普二世繼承了哈布斯堡帝國，除了家族起源地奧地利和德意志以外的其餘所有部分。

他在位近半個世紀（西元一五五六～一五九八年），期間西班牙的國力相當強大，但在他死後，西班牙很快就走上了衰落。

葡萄牙與西班牙聯合起來共戴一君，是發生在菲利普二世即位二十四年的時候。

西班牙。他們首先到達的是非洲海岸線以外的加納利群島，之後繼續向西航行，終於在同年十月上旬看到了土地！

經過後世史家考證，哥倫布一行登陸的，其實是今天巴拿馬群島中的瓦特林島（又稱「聖薩爾瓦多島」），可由於當時地理家普遍都低估了歐洲向西航行至亞洲的距離（更精確的時鐘和經線儀等工具，還要再過兩百多年、至西元十八世紀才會被發明出來），所以當時哥倫布以為他們是到了印度群島的外圍，而且他至死都不知道這個錯誤。

哥倫布回到西班牙以後，受到英雄式的歡迎，被稱為「海洋元帥」，並被封為他所發現地區的世襲總督。至他六十歲辭世之前，哥倫布又有過幾次遠航，可始終沒能找到中國和印度。

按書上記載，哥倫布的個人品格並不是那麼好，他很貪婪，在爭取贊助計畫時總是不斷的討價還價，對待當地原住民也很兇狠殘暴，但是由於他試圖發現從歐洲西航到東方的通道，卻意外發現了美洲大陸（當然，所謂「發現」是站在

1492 年哥倫布登陸瓦特林島，並將之命名為「聖薩爾瓦多島」。

歐洲人的立場而言），開啟了西方到「新大陸（新世界）」探險和殖民的時代。哥倫布無論如何都是一個對世界歷史影響巨大的人，而且還是多方面的影響，比方說，他為歐洲的經濟發展提供了新的資源、為日益增多的歐洲人找到新的安家落戶之地，可是也導致美洲印第安人文明的毀滅。

航海家哥倫布奉命向西尋找新航路線，他雖然沒有找到真正通往東方的道路，卻為後續的航海、移民打開新的篇章。（階梯上為西班牙的斐迪南國王和伊莎貝拉王后）。

哥倫布雖然「發現」新大陸，但同時也對當地的原住民造成衝擊。

史上第一次環球航行

在哥倫布死後十幾年，葡萄牙航海家麥哲倫（西元一四八〇～一五二一年）及其同伴，花了三年的功夫（西元一五一九～一五二二年），完成了有史以來第一次環球航行。只不過，船隊出發時是五艘船、一共是兩百七十名水手，而當時麥哲倫是三十九歲，回來的時候卻只剩下十八個人，裡頭還沒有麥哲倫；他已經在半途一次與菲律賓當地原住民的衝突中被砍死了，後來是由船上一小部分的水手繼續向西航行了一年多，才終於回到歐洲，完成了環球航行的壯舉。

現在有兩個地名都跟麥哲倫有關，一個是「麥哲倫海峽」，位於南美洲大陸最南端，是南大西洋與南太平洋之間最重要的天然航道，因麥哲倫在西元一五二〇年首次通過這個海峽而得名；另一個是「太平洋」，當麥哲倫船隊經過數月艱苦航行，損失了兩艘船和一半的水手後，好不容易從南美越過關島來到菲律賓群島時，非常難得沒有再碰到風浪，讓之前飽受驚濤駭浪之苦的水手都很高興，不

航海家麥哲倫以跨越太平洋，環遊世界一周聞名於世。

禁都說「這真是一個『太平』洋啊！」其實他們是進入了赤道無風帶，自然是風平浪靜。從此大家就把美洲、亞洲和大洋洲之間這片大洋，稱之為「太平洋」。

環球航行證明了地球表面大部分的地區不是陸地，而是海洋，同時，世界各地的海洋也不是相互隔離，而是同屬於一個統一的完整水域。這個重要的發現，為後世的航海事業產生了開路先鋒的作用。

4 歐洲向外擴張的影響

歐洲向外擴張的影響無疑是多方面的。我們可以分幾個方面來了解。

改變了大西洋和歐洲的形勢

過去，大西洋向來被歐洲人視為航運交通的障礙，在地理大發現與海路新航線的開拓以後，這片大洋就搖身一變，成為全球航運的橋樑和起點。這麼一來，歐洲原本所處的地緣位置，在概念上也有了變化：過去歐洲人認為歐洲位於歐亞大陸極西的邊緣，但在歐洲與美洲大陸暢通之後，歐洲從此就變成美洲、亞洲和非洲都可以通達的重要樞紐。

促成新知識和新技術的發達

地理大發現影響所及，使歐洲文化獲得了擴大和豐富，此後歐洲對於整個世界各種自然與人文的知識，都有了明顯的拓展，也興起若干譬如地理學、人類學、經濟學等新學術的研究。在西班牙、葡萄牙兩國都不願讓他們分享在南半球的航路之餘，英國、法國與荷蘭也急起直追，寄望在北半球也能找到通往東方的航路。

導致了世界性的歐化

自從哥倫布「**發現新大陸**」一直到西元十八世紀下半葉，經過近三百年的發展，美洲在某種意義上已成為「第二個歐洲」，而亞洲、非洲和世界其他地區，在地理大發現之後也受到歐洲很大的影響，於是乎「歐化」、「西化」和「近代化」的概念遂密不可分。同時，在西元十八世紀以後，雖然仍有一些地區，譬如非洲內部和太平洋西北區，尚不為人知，但整體來說，所謂「世界一家」的形勢已告形成。

促進了商業革命

地理大發現在經濟上所造成的的影響至關重要，歐洲的經濟中心從此

發現新大陸——在這必須再次強調，「發現新大陸」這個概念是站在歐洲人的觀點提出的，因為在此之前歐洲人普遍都以為整個世界只有歐、亞、非三洲，從來不知道還有美洲的存在，所以發現美洲不啻是發現了新大陸。

這個詞在近代遭到很多批評，被認為太過「歐洲中心主義」，對美洲不尊重，所以漸漸只有在特定場合，譬如在講述有關地理大發現這段歷史時才會被引用，純粹是便於敍述。

從地中海移往大西洋。若以整個歐洲來看，自然也會有此消彼長的現象，譬如過去義大利等地的經濟繁榮，在很大程度上是建立在東方貨物的專賣，而當葡萄牙人發現通往印度的全程水路以後，義大利的經濟就一蹶不振。

新航路與新世界的發現，再配合由銀行業的興盛所帶來的資本金融流通的便利，使得商業的範圍一下子擴大了許多，加速了「世界性貿易」的成長。

商業革命造成一種以追求利潤為目的的資產階級出現，他們可以說是一種「財富的貴族」，包括銀行家、商人、造船業者、種植業者（譬如種植甘蔗或棉花）、股票投機者等等，在西元十七世紀已逐漸變成西歐的社會中堅，能夠與傳統的土地貴族相抗衡，不過要到工業革命展開以後，他們才會在政治上取得比較重要的地位。

貴重金屬大量流入歐洲——譬如西班牙人在征服墨西哥和祕魯等地之後，將掠奪而來的寶藏和貴重金屬通通運回歐洲。

● 刺激了物價革命

在新世界被發現以後，貴重金屬在各種情況之下**大量流入歐洲**，導致物價大幅上升，這自然直接影響到老百姓的生活，進而又影響到政治的安定。

奴隸制度的復甦

本來在中古世紀後期，奴隸制度已經逐漸在西歐絕跡，但是當西班牙、葡萄牙和英國相繼在美洲殖民以後，為了開闢森林、開鑿礦產，或種植甘蔗、棉花等經濟作物，無不需要大量的勞動力，而白人又很不適應在熱帶氣候下做工，於是遂有人大規模持續從非洲輸入黑奴。

疾病的交互傳染和肆虐

在地理大發現以後，疾病的傳播也隨著航運的發達而加速。歐洲船隻把黃熱病和瘧疾傳播到新世界之後，這些疾病大為肆虐，造成中、南美洲部分地方嚴重到不再適合居住。而一些歐洲人已經習以為常、早就知道該如何處理的疾病，譬如天花、痲疹、水痘等等，對於毫無免疫力的美洲印第安人來說，也都具有很大的殺傷力。與此同時，一些源自美洲的疾病也傳到了歐洲。

美洲大陸的文化受到毀滅性的破壞

當然，關於地理大發現帶來的影響，我們不能忘記對於美洲文化的嚴重破壞。

遠在白人勢力進入美洲大陸之前，印第安人在墨西哥、瓜地馬拉、安地斯山脈高地，都已經建立了很高程度的文明，有的是後來自己突然消失（譬如馬雅文化），有的就是在地理大發現之後遭到摧毀。在西元十六和十七世紀之際，整個墨西哥和中、南美洲，都已經落入西班牙和葡萄牙的掌握，其中又有五分之三為西班牙人所擁有。

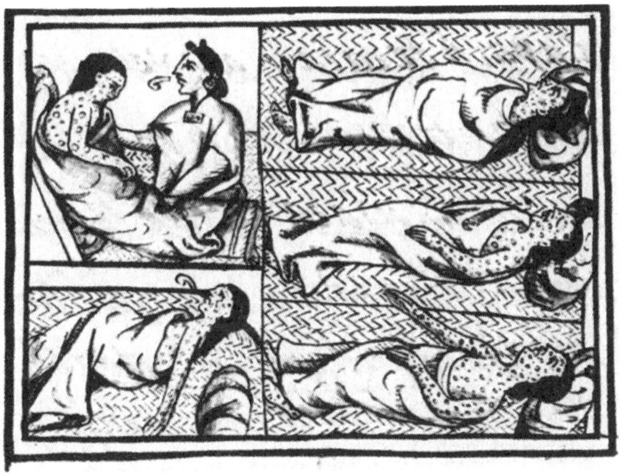

在 16 世紀的《佛羅倫斯手抄本》，描繪了中美洲原住民罹患天花的情景。

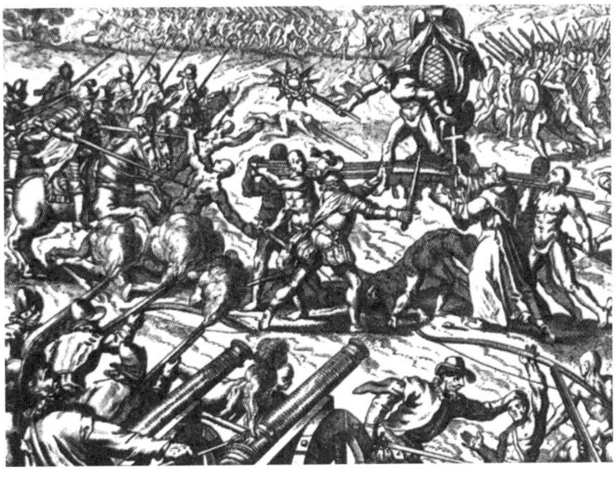

在抵抗西班牙的戰役中造成大量印加原住民喪生，破壞了印加原住民的文化與社會體制。

第四章　興起與滅亡

「英法百年戰爭」結束後，西歐兩大政權即將面臨大洗牌，在這一章中，我們除了要了解英國金雀花王朝的結束，也要了解英國都鐸王朝的興起和法國的統一。

另一邊，在東方的東羅馬帝國也已悄悄進入尾聲……

1 法國的專制王權

「英法百年戰爭」結束了英法兩國之間長期的封建關係，此時法國人雖然還缺乏近代所謂的「民族意識」和「國家主義」，但是「聖女貞德」的出現給法國人帶來一種新的精神，那就是「國家精神」。

漫長的「英法百年戰爭」使法國人民飽受戰火的蹂躪，而法國勝少敗多，更是讓人民吃夠了苦頭，大家都深深意識到，需要一個強大的政府，而這個政府的中心自然就是國王。從「英法百年戰爭」末期的查理七世開始，戰後歷屆法國國王或許不能稱得上非常英明，但至少都是懂得權謀之輩，他們充分掌握當時人民渴望政府強大的心理，一方面利用諸侯之間的利害衝突，另一方面運用一樁樁政治婚姻，逐漸消除了封建分立，建立了一個統一的國家和一個專制的王權。

逐漸統一法國：查理七世與路易十一

「聖女貞德」從被補到被燒死，整整一年的時間，查理七世居然都沒有任何反應，也沒有採取任何行動來設法營救貞德，這為他招致許多「忘

教宗為法國國王查理七世行加冕禮，後方站著的女性正是「聖女貞德」。

恩負義」的批評。但是，在應付英國人的侵略以及戰後帶領大家從事國家重建的工作上，查理七世倒不失為一個有為的國王。

他很清楚之前法國為什麼會老是吃敗仗，無非是基於兩個原因：經濟的拮据和軍隊的無能。到了百年戰爭後期，全國三級會議在老百姓愛國心一片高漲的情況下，已經讓政府在賦稅上獲得更大的自由，因此查理七世便把握機會，一方面繼續徵收和執行在戰爭期間通過的賦稅，另一方面又建立專門機構來處理稅收的應用，全國三級會議的權力遂不可避免的逐漸衰減，與此同時，國王在財政獨立之後，權力自然是大大的增強。

一旦國家的財源有了著落，軍隊才有可能改組。在百年戰爭結束的前十幾年，查理七世就已經開始著手進行軍隊的改組，主要是限制一些傭兵團的人數，並且指定他們駐扎的地區，戰後更是逐漸將傭兵解散，僅留下少數素質比較好、對法國向心力也比較強的傭兵，讓他們和本國軍隊一起接受嚴格訓練和管理，成為一支可靠的「國軍」，負責防衛邊境以及平定國內叛變無常的諸侯。

法王查理七世在「英法百年戰爭」中出任國王之位，致力於整頓財政，改革國家內政與軍事。

查理七世在位三十九年（西元一四二二～一四六一年），繼位的是時年三十八歲的太子路易十一（西元一四二三～一四八三年）。

路易十一即位三年，就碰到了貴族反叛。貴族們組織了一個「公益同盟」，盟軍相當厲害，幾乎打到了巴黎，可是路易十一臨危不亂，充分施展外交權術，與貴族們分別談判，終於各個擊破。

路易十一在位二十二年（西元一四六一～一四八三年），按史料上形容，他是一個猜疑心很重、報復心很強的人，個性奸詐、殘忍，為了達到目的不擇手段，譬如那次為了瓦解「公益同盟」，他爭取到胞弟的支持，而做為交換，他允諾將諾曼第賜封給弟弟，可三年後卻又賴皮反悔，逼迫全國三級會議聲明諾曼第是「不可讓予」的土地，然後強行收回，改以退休金來代替。

路易十一還有一個綽號，叫做「蜘蛛路易」，這是因為他喜歡微服出巡，經常混跡在市井小民之間，收集各種不利政府的消息，然後在第一時間給予有力的打擊。

就這樣，路易十一慢慢將王權勢力伸展到各地，毀滅或者削弱諸侯，逐一掌握了勃艮第公國、安茹公國、普羅

法王路易十一，查理七世之子，以陰險狡詐的統治手腕出名，實施中央集權統治。

旺斯伯國和曼恩伯國等等，基本統一了法蘭西全境，建立了專制王權。

而其中，尤其值得一提的是勃艮第公國。

本來法國王室最大的威脅，就是來自於親王的采邑。卡佩王朝從一開始就有分封諸王子的習慣，諸王子的封土又代代相傳，然後經由併吞、繼承或婚姻關係，有的竟然發展成類似國家的組織，實力足可與王室對抗，勃艮第就是這樣的一個例子。

勃艮第采邑的興起和擴展，是西元十五世紀法國歷史上最重要的一頁，如何削落勃艮第的權力，自然也就是在「英法百年戰爭」之後歷代國王最注重的事，而路易十一在這個事情上出力甚多，也極具成效。

不過，勃艮第的勢力即使被路易十一削減了很多，仍然是舉足輕重，尤其當神聖羅馬帝國皇帝查理五世在位時期（我們在第一章講述哈布斯堡王朝時提到過他），由於勃艮第公國與哈布斯堡家族聯姻，對法國和西班牙都構成很大的威脅（畢竟查理五世可是西元十六世紀歐洲最強大的君主哪）。

總之，一直到西元十五世紀末，除了勃艮第以外，法國已是一個統一的國家。

◆繼承者安妮公主與查理八世

西元一四八三年，路易十一過世後，他年僅十三歲的獨子查理八世（西元一四七〇～一四九八年）繼位。由於查理八世年紀還小，便由他時年二十二歲的姊姊安妮公主（西元一四六一～一五二二年）及其夫婿共同攝政，但在他們夫妻倆攝政的八年期間，施政主要都是出於安妮公主的決策。

安妮公主是路易十一的長女，在相當年輕的時候就已經是父王重要的助手，路易十一的很多政策也都有她的建議在裡頭，她在擔任弟弟的攝政時，已經擁有一定的執政經驗。路易十一對這個女兒想必是十分欣賞，曾形容她是「全法國最不蠢的女人」。安妮公主頭腦清楚，和父親一樣熱衷權術，但不像父親那樣的敏感多疑，是一個很好的執政者，她在執政期間，是西元十五世紀末歐洲最有權力的女性之一，被稱為「大女士」。

安妮公主攝政之初，貴族們看她是女子，以為她柔弱可欺，趁機反叛，為

法王查理八世，路易十一的兒子。初期執政由姊姊安妮公主輔政，親政後，因過度參與戰爭，造成國家負債累累。

首者是不列塔尼公爵法蘭西斯。經過五年的戰爭，最後法蘭西斯屈服，危機解除。然而，稍後當法蘭西斯去世以後，繼位的是他的女兒（也叫做安妮），問題又來了。原來，為了保護自己的封土，安妮公爵接受了哈布斯堡家族馬克西米連一世的求婚（我們同樣在第一章講述哈布斯堡王朝時提到過他），此時馬克西米連一世剛剛喪妻不久。

安妮公主為路易十一之女，曾輔佐弟弟查理八世執政，是當時法國重要的政治人物。圖中人物依序為：聖母瑪利亞的母親，聖安妮（上）、安妮公主（左）和安妮公主之女「波旁的蘇珊」（右）。

法國的安妮公主聞訊之後大驚，心想這可不得了，因為當時法國的東、南、北三面都已經被哈布斯堡王朝的勢力所包圍，如果不列塔尼再被哈布斯堡家族拿去，那法國的西面便也將受到嚴重的威脅。於是，為了阻止這場聯姻，安妮公主當機立斷，立刻率大軍趕到不列塔尼，強迫安妮公爵當場撕毀與馬克西米連一世的婚約，然後改嫁給她的弟弟查理八世！

等到查理八世親政，姊姊安妮交給他的是一個內外寧靜的國家，後世學者普遍認為，如果查理八世能夠腳踏實地、安分守己，專心從事國內建設，那麼法國很可能會成為歐洲最強大的現代國家。偏偏查理八世在位十五年（西元一四八三～一四九八年），好大喜功，總想在國際舞臺上扮演領導者的角色，而結果總是得不償失，尤其是在他二十四歲那年（西元一四九四年），參加了所謂的「義大利戰爭」，使法國消耗了大量的人力和物力達四十幾年之久，更是極富爭議（關於「義大利戰爭」，我們會在下一章中再做介紹）。

四年後，查理八世就過世了，年僅二十八歲。

為國王存在的「法國教會」

經由腓力四世的努力，法國政府的組織由簡單而複雜化，服務王庭的人從貴族轉移到平民，國王漸漸成為一切權力的中心。就這樣經過兩百多年，等到進入西元十六世紀以後，法國已經擁有一個專制的政體，國王的權力已大致能控制國家的每一個角落。

法國中央政府的一些重要組織，包括王庭裡頭的各個部門，都是在西元十四世紀初就已大致定型；而在地方政府組織方面，最重要的就是在西元十三世紀時發展出「全國性賦稅」的觀念，凡是國王和屬民都有納稅的義務。

我們還要特別介紹一下法國教會。控制本地的教會原本是各國歷代國王所採取的一貫政策，以法國而言，腓力四世與羅馬教宗鮑尼法斯八世之間激烈的衝突，最後目的即在於此（我們在卷五《中古史II》中講述過）。在整個羅馬教廷流亡亞維儂時期，羅馬教宗寄居法國的亞維儂，頗有寄人籬下之感，而且長達七十年，所有教宗和絕大多數的樞機均為法國人，教廷政策很難不受法王的影響，地方教會就更不可能擺脫法王的干涉。後來，至「大公會議運動」時期，法王就更是趁機破壞教宗統治教會的至高權力，而標榜法國教會的獨立，所謂的「法國教會」，就是在「大公會議運動」時期所奠定。

到了西元一四三八年，查理七世公布所謂「布赫吉是詔令」，單方面宣布法國教會的獨立，剝奪了羅馬教宗諸如向法國教士徵求捐稅、任命主教和修道院院長、處理法國教會大小職位和教俸等權力，而規定將這些權力全部由法王接收。從此，法國教會喪失了獨立性。

七十八年以後（西元一五一六年），羅馬教宗與法王簽定《波隆納條約》，將「布赫吉是詔令」一些細節做了修改之後，正式被教廷批准，至此「法國教會」就徹底合法了。

2 英國內戰和都鐸王朝的興起

由於「英法百年戰爭」的戰場是在法國，表面上看起來英國好像沒有受到什麼戰禍，可事實上，英國只是沒有受到直接的戰禍而已，間接的戰禍當然還是非常嚴重，主要就是為了支持國王對外的戰爭（畢竟這場超過一個世紀的戰爭是由英王所發動的），長期以來英國人民的經濟負擔已經到了忍無可忍的地步。

同時，在西元十五世紀中葉（西元一四五三年）、這場有史以來耗時最久的戰爭好不容易終於結束以後，法國國王立刻著手從事國家建設，英國老百姓卻還是沒能等到期盼已久的安寧。照理說，戰爭結束，大批傭兵就該被遣返，解甲歸田，回到原本的生活，但很多英國貴族卻還是繼續僱傭這些傭兵，讓他們照樣穿著戰時的制服，擾亂地方、威脅地方官員和法官，有的傭兵甚至是以搶劫為生。這些亂象自然激起人們強烈的不滿，在憤怒之餘，無不渴望能夠有一個強有力的王朝，為大家帶來所謂「好的統治」。

然而，這樣的願望要等到三十幾年以後才會實現。就在「英法百年戰爭」結束的兩年後（西元一四五五年），英國爆發了內戰，為期三十年，直到西元一四八五年才告結束，與此同時由亨利七世（西元一四五七～一五〇九年）開創

英王亨利七世，都鐸王朝的首任國王。他終結了玫瑰戰爭，帶領英國走向專制時代。

的「都鐸王朝」興起，英國的新時代——專制時代——這才宣告來臨（我們在第二章講到英國國教派時，曾經說過起因是國王亨利八世鬧離婚，而亨利八世就是這位亨利七世的次子）。

◆——三十年內戰爆發

英國這場前後歷時三十年的內戰，性質上就是王室內部爭奪政權，貴族紛紛站隊，分成兩黨，相互對峙、各不相讓，使「英法百年戰爭」結束後的英國，受到空前的浩劫。

事情還得從亨利六世（西元一四二一～一四七一年）開始說起（開創都鐸王朝的亨利七世與這位亨利六世有親戚關係）。

西元一四二二年，亨利六世即位的時候還只是一個十月大的嬰兒，當時「英法百年戰爭」第三個階段剛剛結束，還沒有進入到最後第四個階段。在國王年紀太小的情況下，朝政由他的兩個王叔來處理，分別由貝德福公爵統治法國，格洛斯特公爵統治英國。

在這裡需要解釋一下，我們在第一章中提過，英王亨利五世在「英法百年戰爭」第三階段中和勃艮第聯盟，重創了法軍，幾乎攻占了大半個法國，法王查理六世（西元一三六八～一四二二年）在西元一四二〇年被迫簽定了《特魯瓦條約》，放棄了自己兒子的繼承權，並約定英王日後有權繼承法國的王位。到了西元一四二二年八月底，英王亨利五世過世，兩個月後法王查理六世也過世，簽定《特魯瓦條約》的兩個國王都死了，而因為查理六世正好是小嬰兒亨利六世的外祖父，所以當亨利六世一即位，英國就單方面宣稱，根據《特魯瓦條約》，亨利六世將同時身兼英王和法王，也因此會需要有兩個王叔分別來替他治理兩國。

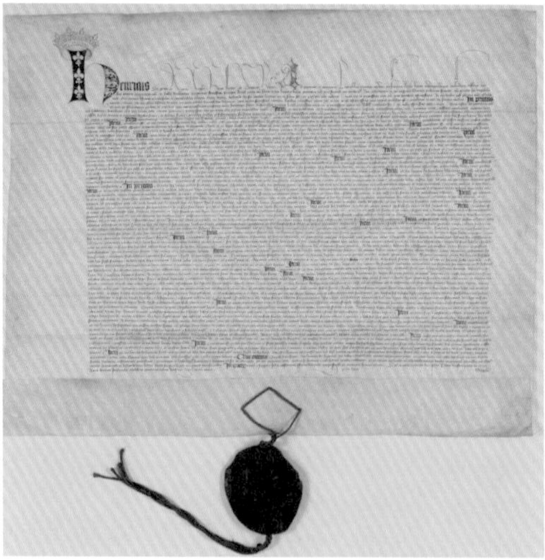

法王查理六世於「英法百年戰爭」中失利，被迫與英王亨利五世簽署《特魯瓦條約》，宣布放棄太子夏爾的繼承權，並由英王取得繼承權。

現在我們再回到負責要替姪兒亨利六世治理英法兩國的叔叔，貝德福公爵和格洛斯特公爵的身上。關於這樣的安排，貝德福公爵沒碰到什麼英國貴族的反對，大概是因為反正就算貝德福公爵號稱要去統治法國，但其實法國根本就不承認《特魯瓦條約》中，有關兩國王位繼承的相關條款，因此他不可能真的去法國行使「職

基於《特魯瓦條約》的內容，年幼的英王亨利六世被加冕為法王。

權」，結果也就等於只是坐在家裡過過乾癮而已，不會讓這些英國貴族的利益受損；但格洛斯特公爵是要治理英國，這就很不一樣了。

格洛斯特公爵很快就受到來自波爾家族的挑戰，帶頭的貴族和小國王亨利六世也有親戚關係，算起來是小國王的叔祖，且因為當時波爾家族控制著王庭會議，格洛斯特公爵的權力受到了很多的牽制。西元一四三七年，當時年十六歲的亨利六世宣布親政以後，格洛斯特公爵更是很快就被擠出了權力核心，朝政由波爾家族及其黨徒薩福克伯爵所控制。十年後，當波爾家族的核心人物去世以後，波爾黨就由薩福克伯爵來負責領導，與此同時，反對黨則是由約克公爵所領導。這位約克公爵是國王亨利六世的堂叔，因此，按繼承優先順序，如果哪天亨利六世死了，而且在死的時候又沒有子嗣，英國王位就該由約克公爵來繼位。

波爾黨的薩福克伯爵對於約克公爵在繼承王位方面的優勢，當然非常清楚，為了避免約克公爵暗中擴大自己的勢力，就迫使朝廷任命約克公爵為愛爾蘭總督，故意讓約克公爵遠離英國。

約克公爵只好心不甘情不願的去了愛爾蘭。然而，即使順利把政敵支開，薩福克伯爵也沒高興太久，因為此時已進入「英法百年戰爭」最後一個階段，法軍開始反敗為勝，這使得薩福克伯爵焦頭爛額，在國會漸漸失去了支持，西元一四五〇年更遭到國會的彈劾，不久就被暗殺。同年，約克公爵就從愛爾蘭回來了。

翌年，約克公爵的黨徒向朝廷提了一個要求：希望承認約克公爵為「假定繼承人」，意思就是說，日後如果國王亨利六世沒有子嗣，王位就理應由約克公爵來繼承。這年亨利六世三十歲。

兩年後、也就是「英法百年戰爭」結束的這一年（西元一四五三年），太子愛德華出生了。這對約克公爵來說想必是一個很大的打擊，因為既然現在王室有了合法的繼承人，他這個「假定繼承人」就毫無意義了，而且，「屋漏偏逢連夜雨」，此時國會又支持一位薩莫塞特公爵的提案，計畫將約克公爵判叛國罪，還要剝奪其所有繼承名分。

就在這個緊急關頭，國王亨利六世居然開始神經錯亂；據說這是由他外祖父查理六世的遺傳基因所導致，而查理六世有精神病是眾所周知的，法國就曾因為他的病而陷入過一片混亂。

眼看國王發病，約克公爵趕緊運作王庭會議，想讓王庭會議命自己為攝政，

亨利六世之子，世稱「西敏的愛德華」，在幼小的年紀就被捲入英國內戰中。

並且火速將薩莫塞特公爵逮捕，監禁於「**倫敦塔**」。次年，約克公爵如願成為太子愛德華的監護人，大權在握。不過，又過了一年（西元一四五五年），亨利六世的病情好轉，約克公爵隨後被逐，薩莫塞特公爵復出，兩個公爵之間的仇恨再次加深。同年五月，約克公爵以「**清君側**」為名，派了一支軍隊與國王和薩莫塞特公爵對峙，要求國王交出薩莫塞特公爵，亨利六世拒絕，雙方開戰，三十年內戰就此展開。

奧爾良公爵查理（查理六世弟弟的兒子，於「英法百年戰爭」中淪為俘虜）在詩的手稿中繪製倫敦塔，紀念他曾在此入獄。

都鐸王朝開始

西元一四八五年八月，時年二十八歲的里奇蒙伯爵，亨利·都鐸（他是亨利六世同母異父的弟弟的兒子，從小在法國長大），率軍從法國而來，在英國的密

倫敦塔——倫敦塔位於泰晤士河畔，是在西元十一世紀八〇年代，由「征服者威廉」（西元一〇六六～一〇八七年在位）開始修建，並在西元一九八八年被列為世界文化遺產。倫敦塔曾經做過許多用途，譬如堡壘、國庫、軍械庫、鑄幣廠、避難所、監獄等等，還曾關押過很多上層階級的囚犯。

爾福港登陸，打敗了當時的英格蘭王理查三世（西元一四五二～一四八五年），理查三世戰死，之後亨利・都鐸就獲得國會通過，登上英國王位，是為亨利七世。

亨利七世開創了都鐸王朝，也為英國開創了一個新時代——一個反君主立憲傳統的專制時代。所謂專制，可以從幾個地方看到，譬如，亨利七世知道為了防止內戰再次發生，就必須設法消除貴族的私人軍隊，遂利用「星法院」，在國王的直接控制之下可以逮捕、審判任何有叛國嫌疑的人，而不必遵循一般的法律程序，此舉雖然確實除掉了很多不法好戰的貴族，給地方帶來了法律和秩序，但不免也因濫用權力而遭到詬病。

為什麼亨利七世能順利實行專制呢？簡單來說，無非也是由於人民在之前的三十年內戰中飽受其苦，都希望能夠有一個強有力的王權來維持國家的安寧。

此外，值得一提的是，亨利七世在歷史上固然是被後世定義為賢君，但根據近代史家的研究，被他取而代之、與他年齡相仿的理查三世其實也並沒有那麼壞。好一段時間以來，在都鐸王朝時代作家們的作品中，理查三世都是一個十足的惡

亨利七世設立的「星法庭」，為國王鞏固專制政權所用，飽受迫害個人的質疑。圖為製於 1836 年的雕版畫。

清君側——「清」是清除，「側」是旁邊，所以「清君側」的意思就是，為了國家社稷著想，要清除君王身邊那些奸臣。這是自古以來，無論中外歷史都經常被用來做為反對朝廷或中央政權的說法。

棍形象，但史家們認為，這多半是因為當時的文人想為亨利七世開脫叛亂和篡位的罪名，所以才反將這些罪名加在理查三世的頭上，實際上，理查三世在位雖然只有短短的兩年，但親政親民，也做了不少令人稱道的事，譬如建立了一套完善的法律援助體系和保釋制度，援助大學、教堂，建立北方議會，優待中等階級的工商人士，支持追求合理的經濟政策等等，頗受人民的愛戴。

3 東羅馬帝國的滅亡

在西方歷史上，西元一四五三年，除了「英法百年戰爭」終於畫下了句點之外，還發生了一件大事，那就是東羅馬帝國、也就是拜占庭帝國的滅亡。

我們在卷四《中古史I》中提到過，狄奧多西一世（約西元三四六～三九五年）是最後一位統治統一的羅馬帝國的皇帝，在他過世以後，羅馬帝國再度分裂，由他的兩個兒子東西分治，從此不再併合。這樣過了八十一年，西元四七六年，西羅馬帝國滅亡，東羅馬帝國的國祚則又多延續了近千年之久，是歐洲歷史最悠久的君主制國家。

像羅馬又不完全羅馬的帝國

東羅馬帝國本來為羅馬帝國的東半部，原本就是比較崇尚希臘文化，在西元四世紀末、西元三九五年與西羅馬帝國分裂以後，更逐漸發展為一個以希臘文化為立國基礎的帝國。到了西元七世紀上半葉、西元六二〇年，希臘語更是正式取代了拉丁語，成為帝國的官方語言，使得東羅馬帝國成為一個不同於古羅馬和西羅馬帝國的國家。

由於東羅馬帝國在正式的國號上，一直延續著古羅馬帝國時期的國號，這讓很多學者都深感不便。西元十六世紀中葉，一位德意志的歷史學家為了要將這個帝國與古羅馬時期的羅馬帝國，以及鄂圖大帝（西元九一二～九七三年）所建立的神聖羅馬帝國做區分，開始使用「拜占庭帝國」這個名字來代替，因為這個帝國的都城君士坦丁堡，是在希臘古城拜占庭的基礎之上建立起來的，後來「拜占庭帝國」這個名號就一直流傳了下來，被很多史學家們所沿用。

君士坦丁建新都於拜占庭，稱之為「新羅馬城」，顯示東羅馬帝國繼承羅馬帝國的正統。

也就是說，當年這個帝國的臣民從來不會將自己稱為「拜占庭人」，他們都是以羅馬帝國正宗繼承人的身分自居，「東羅馬」或是「拜占庭」也從來沒有成為這個國家的正式或非正式的名稱。

東羅馬帝國初期的疆域包括巴爾幹半島、小亞細亞、敘利亞、巴勒斯坦、埃及、美索不達米亞，及外高加索的一部分，到了查士丁尼大帝（約西元四八二～五六五年）在位時期，又將北非以西、義大利和西班牙的東南部併入了版圖，西元五五四年，在擊敗了法蘭克王國以後，東羅馬帝國的國力達到頂峰。

東羅馬帝國的文化和宗教，對於今日東歐各國有很大的影響。此外，東羅馬帝國在其十一個世紀的悠久歷史中，所保存下來古典希臘、羅馬豐富的史料和著作，尤其是許多充滿理性的哲學思想，被後世普遍認定是引發了文藝復興運動的重要根源之一，深深的影響了人類的歷史。

東羅馬帝國的末期劫難

在剛剛進入西元十三世紀時（西元一二〇四年），東羅馬帝國的首都君士坦丁堡曾經被十字軍攻陷和劫掠（這是在第四次十字軍東征的時候所發生的事），直到五十七年後才告收復。

其實在此之前，在第三次十字軍東征時，東羅馬帝國就已經有過危機。西元一一八九年，神聖羅馬帝國的皇帝腓特烈一世（西元一一二二～一一九〇年）不顧六十七歲高齡，親自率軍響應十字軍的行動，曾風塵僕僕途經君士坦丁堡，這是東西方兩位羅馬皇帝空前絕後的一次會面。不料，回教英雄薩拉丁（約西元一一三七～一一九三年）早就買通了東羅馬帝國的皇帝伊薩克二世（西元一一五六～一二〇四年），讓他盡量拖延十字軍行進的速度。腓特烈一世見行軍受到了干擾，非常震怒，雙方發生了摩擦，差一點就要兵戎相見，最後是以交換人質和解。

十幾年後，十字軍第四次東征，東羅馬帝國的劫難到了。

第四次十字軍東征，原本是計畫要攻打處於回教勢力之下的埃及，做為日後東征的根據地，來解救被穆斯林控制的耶路撒冷，可是在籌備過程中被威尼斯共和國取得了領導權。他們看準此次十字軍主要是由法國和北義大利城邦所組成，雖然很想渡海去埃及，卻沒有足夠的錢付給威尼斯商人，於是，這些船隊的商人便產生一些其他的心思，結果在威尼斯總督和東羅馬帝國王子的合力慫恿之下（王子是想要趁機政變），西元一二〇四年，十字軍竟然掉轉目標，轉而去攻打君士坦丁堡！

位於巴爾幹半島東端的君士坦丁堡可不好打，我們之前在卷四《中古史Ⅰ》也提到過，當年君士坦丁大帝（西元二七五～三三七年）在為帝國尋覓新都時，可是經過一番周密的考量。君士坦丁堡三面環水，只有西邊連接陸地，俯瞰色雷斯平原，居高臨下，就像一座巧奪天工的要塞，易守難攻，自西元三三〇年建城，千年以來，曾多次遭到敵人的圍攻，但幾乎每次都是由於形勢險要而倖免於難。

但是這回，儘管一開始十字軍從君士坦丁堡西邊進攻，被東羅馬皇帝的近衛軍打退，稍後卻在城內一些威尼斯人的暗中協助之下（他們長期在這裡經商，對於城內的防禦措施非常清楚），繞至博斯普魯斯海峽、色雷斯平原的另一端，先奪占了熱那亞人的移民區，再從這裡砍掉鐵索，進入位居君士坦丁堡北邊的金角灣。

在金角灣內，威尼斯戰艦燒毀了大批東羅馬的船

第四次十字軍東征時，與君士坦丁堡有商業競爭關係的威尼斯，教唆十字軍攻陷君士坦丁堡。

艦，又用放置在船上的投石機和雲梯，猛烈攻擊君士坦丁堡的城牆，拿下沿海城牆上的二十五座塔樓，甚至縱火焚毀了城牆附近的建築，拜占庭的軍隊被打得簡直沒有招架的餘地。

其實東羅馬軍隊的人數並不少，但是裝備很差，更糟糕的是，多半都是僱傭兵，紀律本來就很鬆懈，在此之前又已長期拿不到軍餉，導致軍心渙散、戰鬥力低落，沒幾個回合就被十字軍徹底打敗，連國王都倉皇出逃。

西元一二〇四年四月十三日，十字軍攻陷君士坦丁堡，在城內燒殺擄掠了整整三天。大戰過後，威尼斯共和國占去了拜占庭帝國八分之三的領土（包括愛琴海、亞得里亞海沿岸許多港口，以及克里特島），十字軍則以君士坦丁堡為中心，建立了拉丁帝國。

過了半個世紀左右，西元一二六一年，拉丁帝國被推翻，東羅馬帝國又復國，接下來國祚又延續了近兩百年，直到西元十五世紀中葉亡於鄂圖曼帝國。

東羅馬帝國在亡國的一個半世紀以前、也就是早在一進入西元十四世紀（西元一三〇一年）的時候，其實就在**巴菲翁**與鄂圖曼帝國有過戰鬥。這是雙方首次發生直接衝突，雖然當時鄂圖曼帝國軍隊的人數較少，但士氣明顯壓過東羅馬帝

巴菲翁——巴菲翁位於馬摩拉海東南方。馬摩拉海是世界上最小的海，雖然小，戰略位置卻相當重要，是黑海與地中海之間唯一的通道，屬黑海海峽。

國的軍隊，把敵軍軍隊打得落花流水。

如果不是稍後鄂圖曼帝國的內部鬧分裂，東羅馬帝國很可能馬上就要亡了。類似的情況後來發生過不止一次，東羅馬帝國就這樣又繼續苟延殘喘了一百多年，但局勢當然是愈來愈不利，漸漸的，除了少數一些港口城市之外，境內幾乎所有的地方都被鄂圖曼帝國給占領了。

東羅馬帝國搖搖欲墜，情急之下只好向西方求救，但西方開出的條件是東西方教會必須統一，然而東羅馬帝國的人民並不接受羅馬天主教。

鄂圖曼土耳其帝國

鄂圖曼帝國（也譯做「奧斯曼帝國」，西元一二九九～一九二二年），是土耳其人建立的多民族帝國，因創立者奧斯曼一世（西元一二五八～約一三二六年）而得名。

土耳其人原本是一個突厥民族的小部落，最初居於中亞，後來遷至小亞細亞，逐漸興盛。在西元一四五三年滅掉東羅馬帝國，對他們來說是一件大事，從此他們定都君士坦丁堡，將之改名為「伊斯坦堡」，並且他們從此就以東羅馬帝國的繼承人自居。

鄂圖曼帝國的開創者奧斯曼一世，帶領鄂圖曼土耳其人逐步向東西擴張，成為16、17世紀世界最強大的帝國。

鄂圖曼帝國位處東西文明的交匯處，掌握東西文明的路上交通線達六個世紀之久。在西元十五至十九世紀，鄂圖曼帝國成為唯一能挑戰歐洲國家的伊斯蘭勢力。

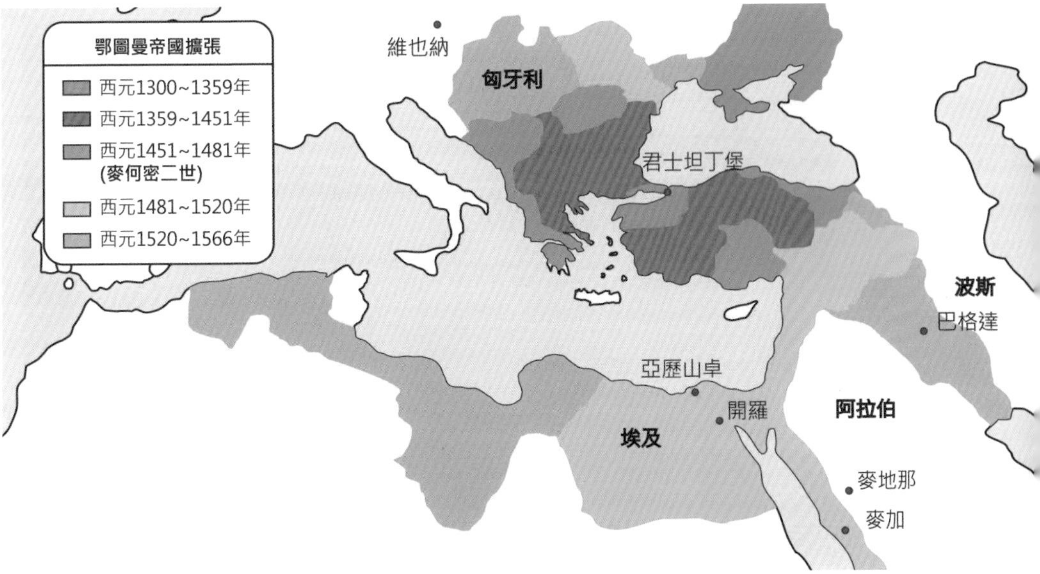

麥何密二世，鄂圖曼帝國第 7 任蘇丹。他曾率軍攻陷君士坦丁堡，消滅東羅馬帝國，並將君士坦丁堡做為鄂圖曼帝國的首都。

西元一四五一年，鄂圖曼帝國的「蘇丹」（就是「君主」、「統治者」之意）病逝，新任蘇丹麥何密二世（西元一四三二～一四八一年）雖然很年輕，此時才十九歲，可他是一個雄才大略型的人物（被後世稱為「征服者」），決心要奪取君士坦丁堡，徹底滅掉東羅馬帝國。

由於君士坦丁堡易守難攻的獨特地理優勢，再加上有如銅牆鐵壁的城牆，過去除了十字軍沒人能夠拿下君士坦丁堡，所以鄂圖曼帝國評估攻打君士坦丁堡的代價太大，實在是不值得，但此時隨著「炮」的出現，要攻破君士坦丁堡的城牆，似乎不再是難事。

為了要攻打東羅馬帝國，年輕的麥何密二世可說是做了十足的準備，包括在他即位那年的九月，他就與威尼斯人訂立協議，以鄂圖曼帝國不介入威尼斯和熱那亞的戰爭為代價，來交換當自己攻打東羅馬帝國時，威尼斯同樣會保持中立。同年十一月，為了讓匈牙利對即將到來的戰事也保持中立，他又與匈牙利簽定一個條約，承諾鄂圖曼帝國不會在多瑙河上建立新的要塞。

這些條約的有效期都是三年，也就是說從西元一四五一年接近年底的時候開始算起，三年之內，麥何密二世可以在不受任何干擾的情況之下攻打君士坦丁堡。

1453年，鄂圖曼土耳其蘇丹麥何密二世進入君士坦丁堡，東羅馬帝國覆滅，中世紀正式結束。

君士坦丁十一世是東羅馬帝國的末代皇帝，於戰爭中力抗鄂圖曼帝國，最終戰死沙場。

在西元一四五三年三月初，麥何密二世終於將匈牙利人設計的巨大「**臼炮**」運到了君士坦丁堡城外。一個月後，鄂圖曼帝國的軍隊出現在君士坦丁堡城牆外的平原上，翌日，麥何密二世下令解開大炮，經過兩個多月的密集炮轟，君士坦丁堡的城牆多處都被轟垮。同年的五月底，鄂圖曼軍隊終於攻陷了君士坦丁堡。

東羅馬帝國末代皇帝、時年四十九歲的君士坦丁十一世（西元一四〇四～一四五三年），在面對敵軍已經殺進城裡的危急時刻沒有逃跑，反而身先士卒、衝入敵陣，結果戰死。他的勇氣，以及堅持到最後一刻的表現，被很多人視為是一種非常了不起的英雄行為。

歷時一千多年的東羅馬帝國就這樣滅亡了，這同時也意味著，長達一千四百八十年的羅馬帝國，也到此正式宣告完結。

不少學者也會將東羅馬帝國的建立和滅亡的年代、西元三九五至一四五三年，定義為中古世紀的開始和結束。

臼炮——臼炮是一種主要用於破壞堅固工事的武器，炮身短粗、射角大、射程近，彈丸威力大，因外形類似中國的石臼，因此在漢語中被稱為「臼炮」，後來發展為迫擊炮。

第五章　文藝復興新時代

西元十四、十五世紀的義大利，文藝成就可說是基督教世界表現最耀眼的。在西元十五世紀前半期以前，歐洲「文藝復興」實際上只限於義大利半島。而當義大利半島的文藝已經發展到最高峰時，阿爾卑斯山以外地區的西歐各地才剛剛起步。

自西元十三世紀中葉，神聖羅馬帝國因腓特烈二世（西元一一九四～一二五〇年）的過世而形同崩潰以後，從表面上看，義大利半島固然是得到了解放，不再受日耳曼人的控制，但也因此陷入了政治真空，既缺乏一個統一的力量來建立像英、法兩國那樣的「民族國家」，也沒有像日耳曼諸侯那樣的人物，來建立所謂的「地域國家」。

在西元十四、十五世紀，義大利半島就政治組織而言大體可分為三個部分：北部的城邦、中部的教宗國，和南部的「那不勒斯－西西里王國」。這些政治組織不僅彼此之間會不時發生衝突，有時還會引狼入室，造成外國軍隊在半島南北橫行，使義大利的政局更為混亂。

然而，就是在這樣的混亂之中，後人也可以從這個時期的義大利政治裡，找到現代歐洲的「國家精神」和「政黨政治」，這是在中古封建制度中所沒有的。因此，不少學者都說，義大利對近代政治思想和制度有著非常重要的貢獻。

1 義大利政治的混亂

城邦政治

由於商業的復興，早在西元十一世紀末期，義大利北部的城鎮就先後擺脫了封建領主（包括地方主教和俗世貴族）的控制，建立自治政府。

最初領導城邦脫離封建領主的是一群富有的商人，以及在封建社會下的騎士或小貴族，後來他們被統稱為「騎士階級」。為什麼會是由「騎士階級」來領導大家擺脫封建領主、進而操縱了城邦政府呢？原因很簡單，因為只有「騎士階級」才有足夠的財富來維持騎兵的裝備，所以後來控制城邦政治的也就是這群人，這就使得城邦政府所謂的「共和政體」，實際上只是「寡頭政體」，其他城民（那些被稱為「步兵」或「平民」的人）即使在擺脫封建領主時也出了力，卻不能分享城邦政府的政權，這種現象自然令他們非常不滿，尤其是當這些城民中後來有的人因商致富，也變成有錢人了，在社會上也開始有些勢力了（他們被稱為「富民」），卻始終無法參與政治時，當然就更不甘心了。因此，只要一有「富民」起來領導，向當政階級挑戰，就很容易吸引很多「小民」加入。

所以，城邦政治的演變，其實主要就是因為貧富不均所造成的階級鬥爭，再加上黨派衝突和古老望族彼此之間的爭權奪勢等等，使城邦政治日益動蕩不安，到後來共和政體終於被推翻。在西元十三世紀後期，某些城邦開始出現一些「強人」奪取政權，以獨裁代替了共和；之後更是弱肉強食，將自己的權力擴張至鄰近城邦，慢慢建立起類似「地域國家」的局面。

在西元十五世紀，義大利歷史上有「獨裁時代」的通稱，這個時期義大利的獨裁政權，是一種純粹以「人」為中心的政權，包括獨裁政權的特色——擴張主義——也大多都是以個人為中心，比方說，某一個城邦的獨裁者取得了另一個城邦的統治權，這兩個城邦之間並沒有什麼從屬的關係，只是都在同一個人的統治之下，如此而已。至於取得統治權的方式各有不同，有時是先煽動某城邦內部的衝突，再自命為調停者；有時是受某城邦中某一黨派的邀請，暫時擔任執政官，後來卻變成永久性的統治者；有時是以重金將某城邦的統治權給買過來……當然，更普遍的方式，是用武力把某城邦的統治權給硬搶過來。

按書上記載，這些獨裁者是一群「多采多姿」的人物，既野蠻又文雅，富有權謀，懂得愛民，掌握政權的目的是為了擴張個人和家族的勢力與利益，簡直就像是一群「企業家」。因為西元十四、十五世紀的義大利，正是歐洲「文藝復興」

與「資本主義」的發祥地，成為城邦的獨裁統治者，是增進財富最快也最有效的方式。

若想了解這個時期義大利的獨裁政治，有一本書很重要，那就是馬基維利（西元一四六九～一五二七年）所寫的《君主論》。馬基維利是義大利佛羅倫斯人，專門研究法律和人文學，退休之後努力著書，《君主論》就是在他退休之後完成的。這本書的主旨是在記述西元十五世紀末，義大利獨裁政治成功和失敗的因素，馬基維利認為，歷史可以給人很多教訓，但過去大家都太注重道德方面的教訓，而忽視了政治方面的教訓。

不過，又由於馬基維利似乎過分強調歷史的教訓是「告訴我們為政而欲成功應該怎麼做，卻沒有告訴我們這麼做是否合乎道德標準」，長久以來，無論是馬基維利或是他的《君主論》，都招致不少批評。

馬基維利是文藝復興時代重要的人物之一，後世稱他為「近代政治學之父」。

《君主論》是馬基維利的代表作，內容論及政治教訓，是西方統治者學習統治術的經典。圖為1550年版《君主論》的內頁。

威尼斯、米蘭和佛羅倫斯

義大利半島北部的城邦，經過一番「弱肉強食」之後，逐漸合併為三個主要的城邦，那就是威尼斯、米蘭和佛羅倫斯。大約在西元十五世紀中葉，它們已形成三個大國，與中部的教宗國和南部的「那不勒斯－西西里王國」分庭抗禮，共同主宰著整個半島的政治活動。

在西元十四、十五世紀，這三個城邦在政治體制上剛好是三個典型：威尼斯實行寡頭政府，米蘭是標準的獨裁城邦，佛羅倫斯則有一個表面共和、實際獨裁的政府。

威尼斯

大約在西元六世紀中葉以後，威尼斯就有了政府組織，在名義上，威尼斯屬於東羅馬帝國，但實際上則從一開始就維持著自己獨立的行政。

位於義大利半島東北部的水城威尼斯，由於在地理上擁有先天優越的條件，與義大利大陸隔絕，自古以來避免了很多戰禍，比較不受其混亂政治的影響。而就文化上來說，威尼斯雖然屬於拉丁基督教會，但和東方基督教的拜占庭以及回教地區，都有密切的商業關係，在地理大發現之前東西交通斷絕的時期，威尼斯可以說是東西間唯一的交通橋樑。

威尼斯真正成為一個龐大的商業帝國，是在第一次十字軍東征以後；而到了西元十四世紀之後，威尼斯就是西方歐洲最富強的國家，同時也是政治最穩定的國家。

領導威尼斯政治的一直是少數巨商和他們的後裔，也就是所謂的「望族」，在有了政府組織之後的前三百年中，所有總督都來自少數幾個「望族」。西元十二世紀下半葉，威尼斯開始有了「大議會」，政治制度也一直維持到喪失獨立為止。說起來，威尼斯之所以能夠長期維持國內政治的穩定，而不受到外交受挫、戰爭失敗等影響，就是因為一直以來，少數有明顯利害關係的商人階級，一方面能夠制定憲法來獨霸政權，另一方面又能利用憲法來限制外人參政。

威尼斯大議會是威尼斯共和國政治制度的產物之一，由世襲貴族組成，把持著立法、外交、司法等事務。

米蘭

米蘭是倫巴底地區最大且最富裕的城市，由於地處北義大利商業通道，控制著通往阿爾卑斯山脈的交通，自古羅馬帝國時代就是一個重要的城市，西元四世紀時，甚至一度是西方帝國的陪都。

在西元十二世紀下半葉和十三世紀上半葉，米蘭在義大利半島的政治舞臺上扮演著重要的角色，主要是在反抗「外國」日耳曼的侵略，和倡導義大利「民族精神」上的貢獻，這段歷史是近代義大利人所津津樂道的。

西元十五世紀中葉（西元一四四七年），米蘭宣布建立「共和國」，同時，米蘭成為義大利文藝復興中心之一，和羅馬、佛羅倫斯、威尼斯等齊名。

佛羅倫斯

佛羅倫斯是托斯卡尼（位於義大利中部的一個大區）中最大的城市，實行共和政體，因被少數富商階級控制，所以又稱為「寡頭政體」。佛羅倫斯的寡頭政體，和威尼斯的寡頭政體有所不同，佛羅倫斯的富商階級是開放且流動、經常在變換的，不像威尼斯因為富商階級封閉、摒除新血，所以政權就長期被操縱在少數人的手裡。

然而，由於經濟繁榮，造成佛羅倫斯政治混亂。當時的佛羅倫斯可以說是「西歐的銀行」，他們除了貸款給許多王公貴族之外，還投資龐大的紡織工業，因而導致無產階級的出現，和愈來愈嚴重的貧富差距，少數富商控制了城邦政權，以經濟力量來壓迫多數的平民，而本來就很容易受到煽動的平民，物極必反，不時就會起來反抗一下，使得社會動盪不斷。

總之，佛羅倫斯政治之混亂，一如其文藝運動之燦爛。佛羅倫斯是這個時期義大利最重要的城邦之一，和威尼斯、米蘭鼎足而立。

教宗國

自西元八世紀中葉以後，羅馬教宗不僅是基督教的最高領袖，同時也是一位俗世君主，也就是教宗國的統治者。

既然是一國之主，教宗不得不分出一部分時間和精力，來處理俗世的事務，自然就無法全心全意來領導民眾精神上、靈性上的事務，更何況不少地方政權和俗世政權，譬如日耳曼皇帝，為了種種目的，總想占據羅馬教宗的土地，這麼一來羅馬教宗勢必就得跟一般的俗世君主一樣，以政治和軍事的力量來驅逐強敵。

這種完全屬於俗世的行為，實在不適合一位宗教領袖，所以長久以來一直飽受抨擊，但對於羅馬教宗來說，也實在是「人在江湖，身不由己」，可以說只要教宗國存在一天，像這樣宗教理想和政治現實之間的矛盾就會一直存在。到了現代，羅馬教宗放棄了龐大的疆土，只保存了象徵式的梵蒂岡國，一千多年以來的矛盾才得以解決。

教宗國的疆域，歷代有過好幾次的變更，很難確定，大致來說是北起波河下游流域，南沿亞得里亞海，橫越義大利半島中部，直達羅馬與地中海，看起來像一個啞鈴。

就教宗國的歷史而言，西元十四世紀是教宗國最混亂的時期。在羅馬教廷流亡亞維儂時期，教宗流亡法國，無法兼顧教宗國內的事務，很多城市都趁機紛紛趨向獨立，頂多就是在名義上還承認教宗為主君而已。到了西方教會大分裂時期，教廷鬧雙胞，羅馬與亞維儂都搶著發號施令，無形之中喪失了教宗國的主權；一些深具實力的城邦，譬如義大利半島北部的米蘭和威尼斯，和西方的佛羅倫斯，都逐漸向外發展，變成地域城邦，邊疆都已經與教宗國相鄰，因此也開始對教宗國施加壓力……西元十五世紀中葉以後的教宗就是在這樣的情況下，為了自身安全，不斷的合縱連橫，盡量維持義大利半島在政治上，大家都勢均力敵的局面。

回到羅馬教廷流亡亞維儂那段時期，當時迫使教宗不得不離開教宗國而出亡法國的主要原因之一，就是羅馬城和教宗國內都極度的不安寧，而亞維儂時代教廷的重要政策，當然也就是希望能夠平定這些內亂，重新收復失地，讓教宗早日回到聖京羅馬。在這個時期，出了一位傑出的人物，這就是西班牙樞機阿爾博諾茲（西元一三一〇～一三六七年）。

之前亞維儂教廷歷代教宗都曾試圖以武力來平定內亂，但都徒勞無功，後來多虧了阿爾博諾茲，經過他十餘年的耕耘，軍事和政治雙管齊下，更率領大軍進行有計畫的掃蕩，逐步平定了內亂，解決了教宗國內原本群雄割據的混亂局面，這才使得教廷有重返羅馬的可能。

那不勒斯王國

自西元十一世紀中葉，諾曼人在那不勒斯和西西里建國以後，這個地區在政治、經濟和文化上一直是凌駕其他西歐地區的，可是，經過大約兩百年，那不勒斯和西西里的地位便一落千丈，反而變成義大利半島最落後的地區。

在西元十三世紀中葉（西元一二六六年），羅馬教宗將那不勒斯和西西里王位贈送給法王的胞弟，來代替日耳曼霍亨斯陶芬家族的統治。到了同世紀下半葉、西元一二八二年，西西里貴族叛變，轉而承認西班牙之亞拉岡王，諾曼人所建立的王國從這個時候開始一分為二，那不勒斯屬於法國的安茹家族，西西里則與亞拉岡合併，因此，西西里的歷史是屬於亞拉岡的歷史、也就是西班牙的歷史。我們在這裡就只先簡單講述一下那不勒斯的歷史。

從進入西元十四世紀以後，那不勒斯的國王是「明智的羅伯」（西元約一二七六～一三四三年），他是一位英明能幹的國王，因為反抗神聖羅馬帝國和巴伐利亞的堅決立場，深獲亞維儂教宗的讚許，以及義大利「果爾弗」派的支持（我們在卷五《中古史II》中曾經提到過，義大利「果爾弗」和「吉白林」兩派之間的黨爭延續了幾百年之久）。在「明智的羅伯」三十餘年的治理之下，那不勒斯達到了不錯的小康局面。

不幸的是，「明智的羅伯」的獨生子先死了，僅留下兩個女兒，羅伯遂命長孫女喬安娜一世（西元一三二六～一三八二年）為繼承人，並把她許配給了匈牙

那不勒斯國王羅伯（右）對於義大利的穩定與藝文發展頗有貢獻。他將王位傳給了長孫女喬安娜一世（左），王國卻從此開始不安定。

利王的胞弟。

不久，羅伯就過世了，喬安娜一世繼位。喬安娜一世對夫婿似乎沒什麼好感，而她的這位夫婿行事也很張揚，常利用其匈牙利朋黨壯大聲勢，在那不勒斯大有喧賓奪主之勢。婚後沒兩年，他被刺身亡，匈牙利王立刻率軍入侵那不勒斯，宣稱要為胞弟報仇，然後占據了那不勒斯達三年之久，不過後來終因當地貴族頑強抵抗，不得不主動退兵。

緊接著，女王喬安娜一世再嫁，這回是與法國王室聯姻，結果引發國內有王室血統貴族的不滿，爆發了內戰，不久，女王喬安娜一世被補身亡。

接下來的數十年，那不勒斯一直頗為動亂。那不勒斯國王為了爭奪匈牙利王位，曾經率軍遠征匈牙利，法王也因不曾放棄對那不勒斯的野心，而同樣率軍入侵……一直到西元十五世紀上半葉、西元一四三五年，那不勒斯女王過世，那不勒斯和西西里再度合併，同屬於亞拉岡，才終於讓動盪和緩下來。

新任亞拉岡與那不勒斯的國君阿方索五世（西元一三九六～一四五八年）年僅十九歲，是一位為人大方又愛好文藝的人，在他的統治下，那不勒斯在文藝上的成就雖然趕不上米蘭或佛羅倫斯，卻也是南部的文化中心。

亞拉岡和西西里國王阿方索五世。

阿方索在位二十三年，使那不勒斯獲得了兩百年來少有的安定與繁榮，這是因為阿方索對那不勒斯的愛，顯然要遠勝過亞拉岡和西西里，各項政策都是以那不勒斯的利害為前提。可惜在阿方索死後，繼位者沒能繼承他的事業，那不勒斯又脫離了西西里和亞拉岡。

義大利戰爭

在西元十四世紀以前，威尼斯集中全力於海外的發展，建立了一個龐大的商業帝國，因此對義大利內陸沒有什麼野心；可是自從西元十四世紀以後，在義大利半島新的政治情勢之下，威尼斯不得不放棄自立國以來所遵循的孤立政策，也開始採取侵略主義。

這是因為威尼斯是以群島立國，糧食以及其他物品，包括造船所需的木材供應，向來都必須仰賴義大利內陸，如果內陸有哪一個城邦採取封鎖政策，威尼斯勢必就會受到致命的打擊。

西元一三二九年，威尼斯正式放棄其傳統的孤立政策，與米蘭、佛羅倫斯等結盟，一致對付當時積極擴張的維洛納。西元一三三六年戰爭爆發，兩年後，聯軍獲勝，威尼斯拿到了在義大利半島的領土。從此威尼斯大約是嘗到了甜頭，開始擁抱擴張主義，在義大利半島一再用兵，或是參與各項聯盟，與其他城邦之間不斷的合縱連橫、忽敵忽友，一方面是要維護自己的戰果，另一方面也是要打擊米蘭、佛羅倫斯或教宗國，以保持義大利半島上的軍事均勢。

之前在對付維洛納時，威尼斯與米蘭是盟友，可是自從擊敗維洛納、在義大利半島獲得據點以後，威尼斯就深感再繼續擴張的必要，既是為了要保護已經得到的土地，也是為了要對抗逐漸壯大的米蘭。終於，西元十五世紀上半葉，從西元一四二五至一四五四年，米蘭和威尼斯之間爆發了為期二十九年的戰爭。

這場戰爭能夠結束有多重原因，包括長期作戰雙方都已精疲力竭；佛羅倫斯的外交政策改變，從支持威尼斯轉而同情米蘭；西元一四五三年君士坦丁堡被鄂圖曼帝國攻陷，令西方都深感不安等等。於是，就在君士坦丁堡陷落後的次年，威尼斯和米蘭就簽定了《洛迪和約》，不僅結束了兩國之間近三十年的戰爭，也為義大利半島帶來難得的近四十年的和平。

在《洛迪和約》簽定以後，義大利半島的政治局勢尚稱穩定，雖然列國之間還存在著很多的猜忌和不信任，但即使是暗潮洶湧，基於均勢的原則，大家在表面上還是相安無事。直到西元十五世紀末、西元一四九二年以後，原本的冷戰變成了熱戰，而且參戰方不僅僅只是半島諸國，連日耳曼、法國、西班牙、英國，都直接或間接參與，義大利半島成為了國際戰場，這場戰爭的性質也就與之前威尼斯和米蘭的戰爭不同，成為一場國際戰爭，史稱「義大利戰爭」。

引發戰火的是米蘭。在《洛迪和約》簽定以後，威尼斯並沒有改變積極擴張的外交政策，雖然與土耳其十餘年的戰爭，分散了他們對義大利半島的注意力，但是他們在亞得里亞海地區疆域的擴展，不僅引起羅馬教廷、米蘭和佛羅倫斯的恐懼，也引起神聖羅馬帝國的不安，這是日後日耳曼參與「義大利戰爭」的重要原因之一。

為了想要一勞永逸的遏制威尼斯，米蘭遂邀請法王查理八世來協助，以那不勒斯做為交換條件（查理八世我們在第四章提過，就是那位在幼年即位、由姊姊安妮公主為他打好基礎的法王）。

那麼，查理八世為什麼要參與這場「義大利戰爭」呢？一方面是因為年輕的查理八世，個人頗有野心，虛榮心也挺強，另一方面，「向外發展」也是法國一貫的政策。

西元一四九四年九月，查理八世率軍進入義大利，一路上十分順利，完全沒有遭到任何抵抗，在同年十二月底進了羅馬城。翌年一月下旬，查理八世離開羅馬，向那不勒斯進軍，一個月後占領了那不勒斯城。

查理八世在義大利半島如入無人之境，不但引起義大利各個政治領袖的恐慌，也激發了西班牙和神聖羅馬帝國的忿忿不平，做為反制，亞拉岡王首先以西西里國王的名義，建議組成「威尼斯同盟」，日耳曼皇帝就是在這個時候加入了戰局，此外，羅馬教宗也加入了。有教宗國和日耳曼這兩個外國勢力的加入，既說明義大利戰爭的國際化，也象徵著義大利政治局勢，從此便真正失去其獨立性。

在「義大利戰爭」結束以後，由法國和西班牙控制了義大利半島的南北，在義大利列國中，還算有一點兒分量的，只有教宗國、威尼斯和佛羅倫斯，不過，佛羅倫斯實際上又只是法國的附庸，所以，能夠抗拒外國勢力的，便只剩下教宗國和威尼斯。遺憾的是，此時的羅馬教宗短視近利，只看到教宗國眼前的利益，不能顧及整個義大利半島的利益，所以還頻頻藉著外國勢力來打擊威尼斯，這麼一來，就更加延長了義大利的混亂，而導致更多外國的侵略。

義大利就這樣成為外國勢力的爭霸之地。這樣的局面，一直到西元十九世紀中葉以後，才會徹底有所改變。

法軍在查理八世的帶領下，於1494 年 11 月成功進入義大利佛羅倫斯。

2 義大利人文運動

歐洲文藝復興時代，最突出的文化運動就是「人文運動」，這個運動最初源於義大利，然後慢慢傳播到阿爾卑斯山以北地區，由於兩者在性質上有些不同，所以後者被稱為「北區人文運動」（我們會在之後做介紹）。

古典語文的研究

什麼是「人文運動」？簡單來講，就是一種「以研究古典語文為基礎，以人為中心的教育和學術運動」。從事這項運動的人文學者，最初是模仿古典語文的形式，接著吸收這些古典語文的思想和精神，最後將自己的思考提煉出來，用以表達自己對人生和現世的看法。

人文運動不是一個有組織的運動，就像人文學者是一群沒有組織的個人一樣，而且大多都是所謂的「俗人」，是進不了大學殿堂的人，他們的學術甚至被大學教授視之為旁門左道。別忘了，在西元十四世紀的大學都是由教會所控制，所教的學科是以神學、法律或醫學為主，大學裡的師生都是遵循著既定的形式，保持嚴密的組織，在學術上的態度也都是保守和封鎖的，不喜歡變化，對新興的人文學者，更幾乎是抱持著一種懷疑和排斥的態度。以當時的教育制度和學術風氣來看，這些人文學者簡直就是離經叛道。

早期人文學者所從事的古典語文研究，是以研究拉丁文為主，到了西元十五世紀又擴展至研究希臘文、希伯來文和阿拉伯文。

為什麼一開始是以研究拉丁文為主呢？主要有兩個原因：一，人文學者認為當時的拉丁語文很粗俗；二，他們認為古典拉丁作家長期以來受到了忽視。

其實，這兩點意見都頗值得商榷。近代學者已經指出，中古拉丁語文是經過「語言進化論」而自然變化的，比方說，中古時代的生活與古典時代的生活迥然不同，各方面的想法當然也就大不相同，如果想要表達一些過去沒有的事物或想法，可是在古典拉丁語文中找不到適合的字和詞彙，自然就會創立一些新的字詞，所以不應以二分法粗暴的批評新的字和詞彙就一定是粗俗、而古典語文就一定是典雅的；同時，近代學者從中古學者的作品裡也可以看到，其實中古學者對古典作家並不陌生。因此，雖然這些人文學者稱自己的工作為「重興」，但實際上應該說是「重興中古學者的工作」。

領導這重興工作的是佩脫拉克（西元一三〇四～一三七四年）和薄伽丘（西元一三一三～一三七五年）兩人，他們剛好都是佛羅倫斯人。

佩脫拉克

佩脫拉克被後世稱為「人文運動之父」。從二十九歲那年開始，他花了四年的時間遊歷各大都市，到處參觀教堂、訪問修道院圖書館，為的就是要搜集古抄本。四年之後，佩脫拉克住在距離亞維儂只有十里的沃克呂斯，閉門讀書，並在埋首閱讀古籍之餘，編寫《非洲》詩集。西元一三三九年，拉丁史詩《非洲》第一稿完成，轟動文壇，三十五歲的佩脫拉克在一夜之間成了西歐最偉大的詩人。兩年之後，佩脫拉克又在羅馬依照古禮，從元老院主席之手接受「詩聖之冕」。

不過，真正令佩脫拉克名傳千古的不是《非洲》，而是他的方言詩歌。

佩脫拉克的方言詩集《歌本》，大量使用了當時義大利的市井白話。圖為15世紀的版本。

薄伽丘

薄伽丘從七歲就開始接受啟蒙教育，主要課程是拉丁文和算術。父親本來希望他習商，但他毫無興趣，醉心文學創作。在薄伽丘三十五歲那年，厄運降臨，黑死病奪去了他父親和愛人的生命，他在悲痛之餘，創作了《十日談》，這是史上用托斯卡尼方言所寫的第一部作品，是世界上第一部短篇小說集，也是歐洲文學史上第一部現實主義巨著，表現出濃厚人文主義的思想，相當重要。

《十日談》也是薄伽丘最後一部文學作品，之後他受佩脫拉克的影響，放棄了文學創作，開始研究古典語文，成為一個人文學者。

希臘語文的復興比拉丁語文幾乎要晚了一個世紀，而成績也不如前者要來得大。

此外，自佩脫拉克、薄伽丘等人倡導復古運動以後，搜集古抄本幾乎成為每一位人文學者共同的嗜好，甚至可以說是到了成癮的地步，西歐許多人煙罕至的修道院圖書館，是他們最喜歡訪問的地方，碰到中意的古籍，能買就買，買不了的就筆錄或者出資請人代抄。

說到這裡，我們不能忽略，固然由於人文學者的努力，許多古籍得以保存，但是使這些古籍能夠流傳還有另外一群人的貢獻，那就是職業抄書匠和印刷廠。

VMANA COSA ELHAVER COMPASSIONE AGLI AFFLITTI. e come che a ciaschuna psona stia bene a choloro massimamête e richiesto liquali gia hâno di conforto hauuto misteri: & hânolo trouato in alcuno fra liquali se alcuno mai nebbe: ogli fu caro o gia ne riceuete piacere. Io sono uno di quelli p cio che dalla mia prima giouenezza insino a questo tempo : oltra modo essendo stato acceso da altissimo & nobile amore forse piu assai chella mia bassa conditione non parebe narrandolo io si richiedesse: quantunque doppo coloro che discreti erano: & alla cui noticia puène: io ne fussi lodato & da molto piu reputato. Non dimeno mi fu egli di grâdissima fatica a soffrire: certo non per crudelta della donna amata: ma per souecchio amore nella mente concepto da pocho regolato appetito .ilquale percio a niuno regolato côueneuole termine milascia contento stare piu di noia che di bisogno nô era spesse uolte sentire mi faceua. Nella qual noia tanto refrigerio mi porsero li piaceuoli ragionamenti dalcuno amico & le delecteuole sue côsolatiôe che io porto fer

薄伽丘所著的《十日談》。此為 1492 年威尼斯的版本。

當然，後來印刷廠的發展直接影響到抄書匠的生計。

初期從事印刷的業者都是多才多藝的學者，所謂的「印刷家」不是一個工人，而往往是一位化學家，知道該如何調配墨水，還是一位建築師、工程師和設計師，懂得如何建造印刷機和印刷廠。

西元十五、十六世紀的印刷廠其實就是學術研究中心，廠方經常聘請著名學者擔任顧問，負責修訂和監印，同時，也經常聘請藝術家來從事各種圖案和裝幀設計，使當時的印刷品普遍都富有強烈的藝術氣息。

人文運動的贊助者

西元十四、十五世紀的人文學者大多出身寒門，必須先填飽了肚子才有餘力做學問，在這樣的情況下，如果有人能夠保障他們的基本生活，對他們自然是很大的幫助。所幸當時不少王公貴族、教宗主教和富商紳士，都樂於出錢出力，來支持這些人文學者，被後世稱為「人文運動的贊助者」。在他們之中，有的人本身也是學者，有的是愛好文藝，也有的只是附庸風雅、沽名釣譽，但不論他們的動機如何，都對推動文藝有著實實在在的貢獻。

羅馬教廷

支持文藝最有力、最有延續性，成效也最顯著的，當首推羅馬教廷。在整個文藝復興時代，絕大多數的教宗都對推動文藝不遺餘力，其中還有幾位因對於文藝活動太過熱心、同時對政治參與過多，似乎有違宗教領袖的身分，而被後世稱為「文藝復興教宗」（我們在第二章中介紹過）。姑且不論這個稱號是褒是貶，我們至少可以很肯定的說，如果沒有這個時期歷代羅馬教宗的鼎力支持，當代文藝一定會有很大的損失。

羅馬教廷提倡文藝的風氣，可以追溯到鮑尼法斯八世（約西元一二三五～一三〇三年），我們在卷五《中古史II》中提到過他，就是那位在六十八歲高齡，在家中被法王腓力四世派人綁架，然後被毆打，還被迫倒騎著馬遊街的教宗。鮑尼法斯八世本身很喜歡讀書，會不惜以重金購買珍貴的古抄本，為後來的梵蒂崗圖書館奠定了基礎；他也擴充羅馬大學，增設藝術學院，又創立了凡爾莫大學；他喜愛藝術，當時一些著名的藝術家都曾應邀服務過教廷，鮑尼法斯八世愛好文藝的程度，雖然也被政敵污衊為「偽教宗」、「異端者」，卻為後來的繼承者開了風氣之先。

教宗當中以學者身分支持文藝的，則應以尼古拉斯五世為代表，他被後世定位為「第一位文藝復興教宗」（我們在第二章中也提到過），之後的歷任教宗也對推動文藝活動，付出了極大的心力和財力，教宗利奧十世甚至還因對任何學者都有求必應，結果不到兩年就把教廷的積蓄都快用光了，後來為了要順利完成聖彼得教堂，遂頒發大赦來籌措經費，結果導致了馬丁路德發起的宗教改革，羅馬教廷做為當時歐洲文藝中心的歲月也宣告結束。

● 麥地奇家族

除了羅馬教宗以外，支持文藝活動最力的應該是佛羅倫斯的麥地奇家族，佛羅倫斯之所以能成為西元十五世紀義大利半島的文藝復興中心之一，就是得力於麥地奇家族。

除了積極贊助各種文藝活動，麥地奇家族對於保存希臘經典古籍也出力甚多，尤其是在西元一四五三年東羅馬帝國滅亡以後，很多流亡義大利的希臘學者大多都是到佛羅倫斯，依附在麥地奇家族的門下，當時他們還成立了一個「柏拉圖學會」，專門研究柏拉圖的哲學，或翻譯柏拉圖諸多重要著作，頗有影響。

科西莫．德．麥地奇於 1462 年創立了柏拉圖學會。

◆—人文學者的「新思想」

義大利人文學者最初是被古典語文的形式美所吸引，進而用心去探求古人的思想，最後再試圖將這些古人的思想介紹給當代社會，這就是人文學者工作的三個階段。由於這些古人的思想與當時傳統的基督教人生觀完全不同，因此，儘管是古人的思想，理論上似乎應該算是「舊思想」，實際上在當時卻被視為「新思想」、「新知識」。

「新知識」的基礎，是努力想要發掘「人」的新價值，因而產生一種「新人生觀」。人文學者從研究古典時代思想的過程中覺悟到，無論是大至整個人類、小至個人，都有在現世應該完成的使命，而且每個人都有其自身的價值，也都有其天賦的本能，只要能夠給以適當的培養，就能將其能力做最大的發揮。他們並不反對基督教，事實上，有很多人文學者都是虔誠的教徒，他們只是認為並不需要靠基督教來解決人的問題而已。

人文學者普遍都有一種傳道的精神，不以自己擁有「新知識」為滿足，還希望和大眾分享他們的心得，於是，他們著書立說，不斷從古人的文章裡去發掘做人的道理。同時，為了推廣人文教育，他們也積極設立學校，大約在進入西元十五世紀以後，義大利各權貴的宮廷裡幾乎都設有學校。

過去在中古世紀，教育的目的是在培養教會人才，因此教學內容都是神學以及和教會有關的課程，受教育者亦大多限於教士；而人文教育則是以「人」為對象，目的是要培養社會人才，教學內容是人文學和一些實際的技能，比方說，他們會教學生如何成為一個優秀的演說家，最受歡迎的教材是古羅馬西塞羅（西元前一〇六～前四三年）的《論演說家》，西塞羅是羅馬共和晚期著名的哲學家、政治家、律師、作家和雄辯家，原本他的影響力在中古世紀已漸漸衰落，但在文藝復興時代又被重新振興，人文學者認為演說家是一個有教育、有理想、有魄力，能用行動來利己利人的學者，這就是當時所謂的「人文教育」，是文藝復興時代學者致力要復興的教育。

這樣的教育經常被稱為「新教育」（尤其是在當時），與當時教育傳統觀念確實有很多不同，譬如，人文學者認為，研究歷史是人文教育的一部分，過去中古學者受基督教的影響，總認為人類一切活動都是受到天主的支配，人文學者則將歷史視為人類活動的記載，認為人有獨立的人格、天賦和自由的意志，能支配自己的行為，推而廣之，歷史是人類自己所創造的，而非由一個外在的力量來左右，人類文化之進步或衰落，完全是操縱在我們自己的手裡。

人文學者們對於教育的諸多理念也一直代代相傳，譬如，他們不僅教授書本上的知識，更注重學生人格的培養和身體的鍛煉；認為教師最大的任務，應該是充分認識每個學生的個性和資質，然後引導他們，讓他們有自由發展的機會；堅信一個人，無分男女貴賤，都應該受教育……這些追求教育平等、注重人格教育的理念，都在歐洲教育史上留下很大的影響，即使在今天看來，似乎也並不過時。

北區人文運動

在阿爾卑斯山以北地區的人文運動，出現得遠較義大利為遲。在西元十五世紀中葉以前，北區雖然也有少數一些人文學者（在英國、日耳曼等地都有），但都只是單獨的個人，並沒有形成一個「思想社團」，也沒人用教授子弟、創設學校等方式來推動人文運動，所以並沒有發生普遍的影響。可是在西元十五世紀中葉以後，人文運動就逐漸在北區生長，經過半個世紀之後發揚光大，竟有超過義大利人文運動的趨勢。

北區人文運動有一個最顯著的特色，就是帶著濃厚的宗教色彩，因此有「基督教人文主義」之稱，對於後來宗教改革產生了很大的影響。

北區的人文運動之所以興起得較晚，當然是有一些特殊的社會背景，包括在西元十五世紀中葉以前，北區貴族還固守著封建社會的種種傳統，拒絕和新的都市交流，也拒絕新的思想和改革，成為社會中固步自封的保守階級。當他們的政治勢力日益被削落，可是又因為以經商為恥，導致經濟能力也不斷下滑之後，就形成了惡性循環，使他們變得益加保守。直到西元十五世紀中葉以後，北區在資本主義的發展和王權的膨脹下，職業文書和公務員的需求愈來愈大，這些新起的人才，不僅是在文字上都經過一定的訓練，也擁有法律等基本學識，「新教育」遂由此推及都市的中等階級，而「新知識」的生長亦隨之而起。

由於相較義大利興起得較晚，北區人文學者不必再像之前義大利學者，做那麼多的搜集古籍、校訂善本，還有編譯有關古典語文文法、字彙之類工具書等，比較枯燥的基礎工作，而可以藉助義大利學者的研究成果，直接來欣賞古人的文章之美，並探索古人的思想。

在思想方面，很多北區人文學者，雖然沒有像義大利學者那樣傾向理性主義，

尼德蘭畫家范艾克與其弟所繪製《根特祭壇畫》，畫中以高超的繪畫技巧將日常景物融入宗教畫作中，被視為基督教人文主義的代表畫作。

可是也相信理性的能力，相信人性的獨立不應受到傳統的拘束。他們研究古典語文，不僅是為了語文本身的價值，更想以古人的思想來使基督教信仰「理性化」，同時，他們又擴展研究範圍，從早期基督教文獻裡去探求耶穌基督的精神，從而希望改革已經呈現衰落之勢的教會。

因此，北區的人文運動往往又被稱為「基督教人文運動」，因為義大利的人文學者普遍都將學問和宗教視為兩件不相干的事，但是在北區的人文學者裡頭，卻有一部分人會將學問和宗教兩者合而為一，從而擬定許多改革社會和教會的方案，想為一般信徒的精神生活和神學研究找到新的方向。後來，事實證明「基督教人文運動」是一個革新運動，日後不僅參與宗教革命的先進大多是人文學者，羅馬教會內部革新的推動者也有很多都是人文學者。

為什麼這些北區的人文學者，會從純文藝的研究走向宗教改革的方向呢？這同樣與北區特殊的宗教背景有關。從西元十三世紀以來，北區民間就已不時出現宗教革新，他們有的集合一些信徒，遺世而獨立，希望用個人生活來影響教會；有的是直接攻擊教會，因而淪為異端。不管採取什麼樣的方式，他們的目的都是一樣的，都是希望恢復初期基督教的精神，因此，當北區人文學者採用義大利人文學者研究古典文藝的方法，來研究基督教的原始材料，進而從事教會的改革，似乎就是一件很自然的事了。

儘管「基督教人文運動」一枝獨秀，成為廣大人文運動裡的一股洪流，但是在思想的細節以及實際的做法上，學者們還是有不小的差異，譬如，西班牙的希梅內斯主教（西元一四三六～一五一七年）早年曾經服務羅馬教會，對義大利的人文運動相當熟悉，在五十八歲左右時被羅馬任命為樞機，自此從事西班牙教會的革新，採取的舉措之一，是出版了一部拉丁、希臘、希伯來文三種語文對照的《聖經》，這在當時是一種創舉；英國一位牛津大學教授柯立特（西元一四四六～一五一九年），後來主持倫敦聖保羅大教堂，主張要用新的方法來研究《聖經》，做為教會革新的初步工作，他所提出的方法之一，是從歷史背景、作者個性、受書者實際需要等觀點，來解釋聖保羅書信，對於研究《聖經》來說，確實是開闢了一條新的途徑。

在基督教人文學者中，最具影響力的是荷蘭人伊拉斯慕士（西元一四六六～一五三六年）。他在二十七歲那年曾入巴黎大學攻讀神學，不過，他的興趣以及他日後的貢獻，不是神學，而是文學，他總是藉著文學來批評當時的

伊拉斯慕士，文藝復興時代北方人文運動的代表人物，著有《愚人頌》傳世，以批評、諷刺教會聞名。

基督教社會，期望有所改革。但是，伊拉斯慕士和北區很多人文學者一樣，對於基督教會的改革都有一個偉大的理想，那就是希望加強歐洲基督教社會的團結，因為在他們看來，歐洲基督教社會是不容分裂的，也就是說，他們認為任何改革，都必須是在教會的範圍之內。

正因為這些人文學者的堅持和推動，後來才有了羅馬教會的革新。

3 文藝復興時代的哲學、科學與方言文學

◆──哲學

西元十四、十五世紀的哲學，大致是繼承中古的「士林哲學」。什麼叫做「士林哲學」呢？

因為中古學者都是教士，他們的興趣是在對自己的信仰找出一個合理的解釋，並且將它們融會貫通，使之成為一門完整的學問，所謂的「神學」遂應運而生。但是在此之前，必須先建立一套哲學體系，因為這樣的工作是在學校裡發展，所

以就稱為「士林哲學（或「經院哲學」），主要是以亞里斯多德（西元前三八四～前三二二年）的思想為基礎，並以演繹法做為研究方法。

士林哲學的黃金時代是在西元十三世紀，最早的大師是法國的阿貝拉（西元一〇七九～一一四二年）。阿貝拉有一本很重要的作品，叫做《是與非》，他從《聖經》等神學作品中，廣泛收集了很多「正」與「反」兩方面的言論，來說明一百多條有關神學的論題，讓讀者自己去推敲並得出結論，這種從正反兩方面來看問題的方法，後來成為士林哲學家們治學的方法。

蘇格蘭人董思高（西元一二六六～一三〇八年）則是士林哲學黃金時代的最後一位大師，也可以說是士林哲學從全盛時期進入衰落時期的過渡人物。他一方面強調個體，對於近代科學思想的推動頗有貢獻，另一方面又強調意志的力量，

士林哲學為中世紀重要的哲學流派，以研究神學為名，試圖以邏輯證明上帝的存在。

阿貝拉，重要的士林哲學家之一。

士林哲學家董思高，其哲學思想對於後世留下深刻的影響力。

蘇格蘭人董思高（左）代表的方濟會，與聖阿奎納（右）代表的道明會，是士林哲學裡兩種對立的立場。

認為儘管我們用意志去接受天主的一切，但不要忘記我們的意志本身是自由的，可以接受、也可以拒絕，人的價值就在於此，不是因為他了解了什麼，而是他選擇了什麼。董思高說，當然我們在做選擇之前都應該先了解，但一個人行為的最後價值，往往是出於他的選擇，而不是他的了解。

董思高是士林哲學裡方濟派的先進，由於他的論點，「主意論」的方濟派和「主知論」的道明派之間的對峙，至此更為明顯。

到了西元十四世紀，方濟派哲學家裡頭的健將是英國人「奧坎的威廉」（約西元一二八七～一三四七年）。「奧坎的威廉」強調信仰而否認神學的理性根據，可以說是推翻了中古哲學的整個體系，同時，由於他強調只有具體事物才是我們認識的對象，拒絕先天普遍概念的作用，無疑也刺激了實驗科學的思想。

此外，在西元十四、十五世紀這兩百年中，不屬於任何學派而自成一家的哲學家，是日耳曼人「庫斯的尼古拉斯」（西元一四〇一～一四六四年）。「庫斯的尼

「庫斯的尼古拉斯」為日耳曼哲學家、神學家，是文藝復興人文運動的推手。

「奧坎的威廉」為方濟會代表的修士之一，他能言善辯，卻曾被視為異端，被迫流亡。

古拉斯」的哲學帶著強烈的神祕主義，因為他是站在改革教會的立場來探討天人之間的關係，認為「人」才是哲學的重點，要探求的並不僅是關於人的本質等問題，而是人性應如何完成任務的問題，所以他主張，在倫理生活我們應該追求「至善」，在藝術生活應該追求「至美」，在宗教生活則應追求「至聖」。

科學和技術

由於人文學者過分的「崇古」，將古人的權威高高的供在神壇上，讓大家頂禮膜拜，視為神明，這對於應該一直向前的科學精神來說，就造成很大的阻力，許多文藝復興時代的學者，幾乎都不敢相信自己可以勝過古人。

比方說，天才如達文西（西元一四五二～一五一九年），即使推測血液流動應該是全身循

文藝復興時代的天才達文西。圖為自畫像。

環，可由於這與古羅馬名醫蓋倫（約西元一三〇～二〇〇年）的意見不同，而不敢肯定自己的猜測。直到西元十七世紀，英國的醫生和生理學家哈維（西元一五七八～一六五七年）才證實，原來蓋倫關於血液流動的說明是錯誤的，血液確實是全身循環。

除了崇古，中古時代科學和方術之間，譬如化學和煉金術、天文學和星象學之間，界限十分模糊，總是互相混餚，也是阻礙科學發展的重要原因，由於教會禁止煉金術和星象學，這麼一來，自然就影響到化學和天文學的研究。

不過，儘管如此、儘管有諸多限制，在西元十四、十五世紀，零星的科學知識以及發明還是不斷的在增加，為日後的科學發展做出了貢獻。

有意思的是，做出這些貢獻的人，一開始的出發點或許不是為了科學，而只是為了實際的需要，或是想要滿足知識上的好奇心，而從事了各種嘗試，達文西就是一個很好的例子。

達文西是一位無可爭議的天才，也是一位全才，他不僅僅是一位藝術家，更是一位化學家、物理學家、解剖學家、生物學家、音樂家、

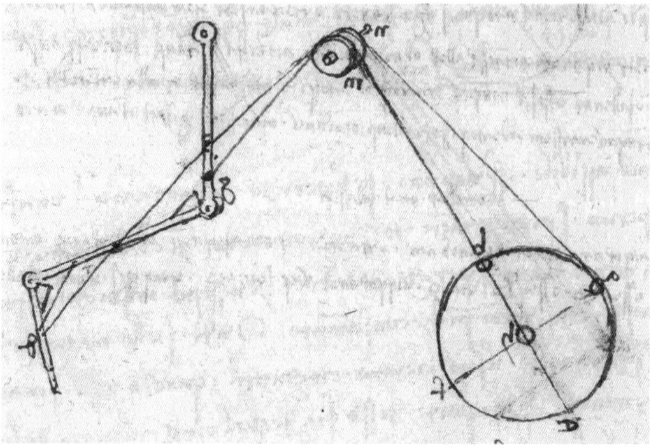

達文西《馬德里手稿》的部分圖片。該手稿記錄下許多文藝復興時代的機械發展。

工程設計師等等。為了藝術，達文西做過很多考察和研究，譬如有一回，為了要替米蘭某獨裁者塑造一座騎馬銅像，達文西就特地潛心研究過馬的身體結構，留下很多素描。

西元一九六五年在西班牙發現的《馬德里手稿》，是達文西於西元十五世紀末的作品，被學者形容為簡直是一本文藝復興時代的「機械圖解」。達文西在裡頭圖示了螺旋、齒輪、滾軸、傳動鏈等等作用，令人驚歎，有人說就憑著傳動鏈的素描，都可以說腳踏車是達文西發明的！

文藝復興時代最重要、影響又最大的兩項工技發展，無疑就是印刷術和火藥。

儘管活字印刷術數百年前在中國就已出現，但並未流行，西方近代的活字印刷術主要是來自古騰堡（西元一三九八～一四六八年）的發明。我們現在說的《古騰堡聖經》，就是日耳曼人古騰堡在西元十五世紀中葉、西元一四五四至一四五五年間，採用活字印刷術所印行的。

印刷術所帶來的影響之深是無法想像的，舉一個明顯

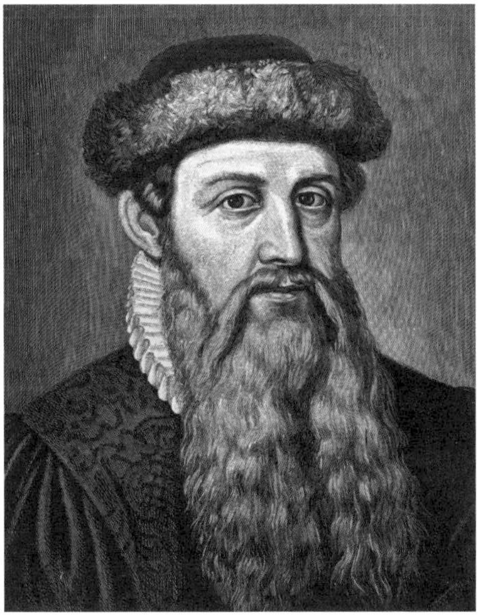

古騰堡以發明活字印刷術聞名。

最早期的活字印刷機。

的例子，很多人都設想過，再過半個世紀左右，如果沒有印刷術把馬丁路德對教會的批評迅速傳播，宗教革命能否發生恐怕都很難說。

而對於火藥，當火藥一旦應用到軍事上以後，戰術和戰略就都有了革命性的改變，封建騎士的作用一落千丈，不再是戰爭的主力。同時，歷史學家也一致同意，使歐洲從中古推進到現代的，就是火藥的引進。

◆——方言文學

把方言用於寫作，並不是始於文藝復興時代，在阿爾卑斯山以北地區早就有「封建文學」，諸如史詩和情詩的流行，隨著吟遊詩人的足跡，這些史詩和情詩有很多都流傳到了義大利半島。可是，義大利本土的詩文作品發展得比較遲，**但丁**（西元一二六五～一三二一年）可說是鼻祖，佩脫拉克和薄伽丘繼之，他們是義大利早期以方言寫作的三大詩人，恰巧都是佛羅倫斯人。由於他們都以托斯卡尼方言來進行詩文創作，在他們的倡導之下，托斯卡尼方言遂逐漸變成義大利的「國語」。

此外，雖然法國原是方言文學的搖籃，很多中古著名的史詩和情詩也都是在

但丁——但丁所生活的年代比佩脫拉克和薄伽丘要來得早，被形容為是「雙腳站在不同時代的人」了——一隻腳在中古時代，另一隻腳則起步邁向文藝復興時代。他的《神曲》，不僅是義大利文壇的傑作，也是世界文壇的不朽之作。

法國誕生，然後傳播到其他地區，但是在西元十四、十五世紀時，英國方言文學的發展遠比法國要迅速，產量也較為豐富。

自諾曼人征服英格蘭之後，足足三百年間，英國除了拉丁語文之外，還有英、法兩種語言；諾曼統治者用法語，被統治的本地人則用英語。可是，經過很長一段時間的發展，諾曼人和本地人之間的距離愈來愈近，不僅兼用兩種語言的人愈來愈多，平日大家在英語中摻雜著法語、或是在法語中摻雜著英語的現象，也愈來愈普遍。本地人所說的英語，又有許多不同的方言。

到了西元十四世紀中葉，由於喬叟（約西元一三四三～一四〇〇年）等人的努力，英國東部的方言逐漸變成英國的「國語」，就像托斯卡尼方言經過但丁等人的努力而成為義大利的「國語」一樣。同時，「英法百年戰爭」促進了英、法兩國的民族意識，法語漸漸從英國消失，英語遂成

英國文學家喬叟是中世紀英國文學的奠基者。

為英國人所使用的唯一的語言了。

喬叟生於倫敦，父親是一位頗為成功的酒商，所以他和但丁、佩脫拉克、薄伽丘一樣，都是來自中產階級。年輕時，他在王庭中做過侍童，後來娶了王后身邊一位侍女為妻，曾出使過法國、法蘭德斯和義大利，經歷過百年戰爭和黑死病……喬叟的閱歷豐富，不僅是一位傑出的詩人，也被譽為是一位觀察深刻的社會學家，在其代表作《坎特伯里故事集》中，藉著三十個形形色色不同人物之口，對當時的英國社會做了非常生動的刻畫。

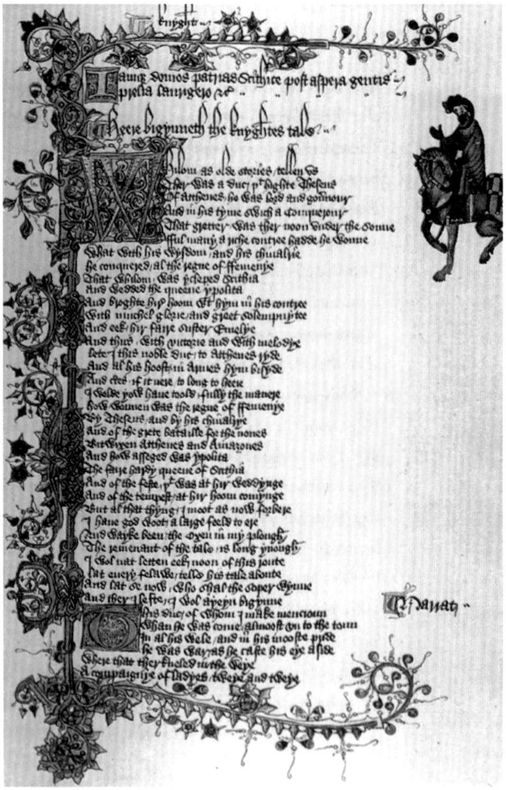
Here bigynneth the knyghtes tale

喬叟的代表作《坎特伯里故事集》至今仍備受喜愛。
圖為 15 世紀埃斯梅爾手稿版的其中一頁。

4 文藝復興時代的藝術

就和政治、經濟、社會、宗教等等的演變一樣，西元十四、十五世紀的藝術也是承襲了過往，明顯受到哥德藝術的影響頗深，只不過隨著時代不斷的前進，哥德藝術的色彩就愈來愈淡，新的藝術風格則愈來愈突出。

我們只要將西元十四世紀初的**喬托**（約西元一二六六～一三三七年）和十五世紀末的米開朗基羅（西元一四七五～一五六四年）的作品做一個比較，就可以發現在這將近兩百年之間，藝術的演變有多麼的巨大。

藝術巨匠米開朗基羅，以卓越的創作聞名於世。同樣以《聖母像》為主題，對照便可以感受出文藝復興時代藝術風格的轉變。

出生於義大利佛羅倫斯的喬托，以繪畫聞名，世稱「西方繪畫之父」。圖為由他所繪的《聖母像》。

喬托——喬托與但丁一樣，也是佛羅倫斯人，以他為首，形成了所謂的「佛羅倫斯畫派」。以藝術而言，他和同鄉但丁一樣，也是一個兩隻腳站在不同世界裡的人——一隻腳站在哥德藝術的傳統裡，另一隻腳則大步跨向了文藝復興藝術。

哥德藝術

說到這裡，我們不妨先停下來，把哥德藝術稍微再做一點說明。西元十二、十三世紀盛行的哥德藝術，是為了基督教會服務的，具有濃厚的宗教色彩。就如同士林哲學的責任是解釋基督教的信仰，哥德藝術的責任是在歌頌天主的真、善、美，因此，學問是教士的專有品，藝術也成為教會的專有品。

在基督教的陶冶之下，宗教是中古人民生活的中心，教堂自然是一個非常重要的場所，是「天主的廟堂」，所以歌頌天主最具體的表現，就是為天主建造教堂，尤其是主教所在地的教堂——主教座堂——不僅是老百姓宗教生活的中心，也是社會活動的中心，甚至是都市人民意識的展現。為了顯示都市的財富、提高城民的榮譽感，教堂是最顯著的象徵，於是，由於城市之間互相競爭的心理，一座座更大、更富麗堂皇的教堂不斷的出現。除了主教座堂，還有很多修道院、修道院的教堂、學校等等，都是哥德藝術最高的表現，簡單來說，哥德藝術就是基督教的藝術，贊助哥德藝術的也多是教會或和教會有關的人士。

哥德教堂實際上也就像一座座的學校，因為在教堂的大門上、牆壁上、圓柱上、花玻璃上，到處都有取材自《聖經》和有關聖人生平事跡的雕刻或是繪畫，讓民眾在欣賞之餘也能有所學習，所以，哥德藝術是以建築為主，雕刻和繪畫都是附屬品，因為它們都是為了裝飾和美化教堂而存在，必須依教堂的需要、在建築師的規畫之下來進行，本身既沒有獨立的存在，風格也很固定。在中古世紀，從事雕刻和繪畫的人都被視為「工匠」，而不是藝術家。

可是到了西元十三世紀末的義大利，這樣的現象開始有所變化。

工商業的發達造成一些有錢有閒的所謂「上等社會人物」，他們在把持城邦政治、控制立法、排擠中下階級的平民之餘，為了炫耀財富、追求生活上的享受，都很樂衷於興建私人教堂和圖書館，還有宮廷般的花園、家族墓室等等。這麼一來，藝術不再是操縱在教會和教士的手裡，雕刻和繪畫也不再只是建築的附屬品，而都紛紛獲得了獨立，有了廣闊、可供發揮的空間，藝術家也出現了。

再往後，在文藝復興時代，繪畫和雕刻發展之迅速、作品數量和風格之豐富，反而遠超過建築。此時，如果要說一棟建築富麗堂皇，往往都有賴於內部繪畫和雕刻的裝飾，建築本身與過去相較則沒有太多的超越，大致說來仍然是拜占庭和羅馬式的混合形式，再帶一點晚期哥德藝術的風格。

當俗人贊助藝術、提倡文藝的風氣大開之後，藝術的精神和面貌勢必也就跟著改變。想想看，當一位藝術家接受某一位富商的委託，要畫一幅聖母像，如果這位富商不大欣賞哥德藝術裡標準的聖母造型（在哥德藝術裡，無論天使、魔鬼、帝王、騎士等等，都有固定的造型，也就是所謂的「典型」），可想而知這位藝術家就一定會投其所好，以委託人的要求為先，而不再那麼機械般的呈現哥德藝術中那些慣有的典型。

對當時的人們來說，如果說哥德藝術代表的是「舊的藝術形式」，是表達城邦集體的宗教熱誠與尊嚴，「新藝術」所表達的就是城邦上層階級的個人主義和自我主義。這樣的趨勢從西元十三世紀末開始，在十四世紀慢慢發展，到了十五世紀達到最高峰。

◆重視「人」的藝術

「唯美」和「自然」是文藝復興時代藝術的特質，在這個普遍的特質之下，每一位藝術家都能按照自己的主觀意識，在作品中表達自己獨特的詮釋和精神。譬如米開朗基羅（西元一四七五～一五六四年）在二十四歲那年，完成了他的雕刻名作《聖母悼子像》（或稱《聖母哀悼聖子》、《痛苦聖母》等），是聖母瑪利亞懷抱著愛子耶穌的屍體，正在閉目沉思的樣子，表情在哀傷中也流露出平靜和慈祥，表示接受天主的旨意。很多人都

「文藝復興後三傑」之一的米開朗基羅。

很奇怪，為什麼米開朗基羅會把瑪利亞呈現得比她的兒子還要年輕，米開朗基羅的解釋是，瑪利亞應該永遠年輕，甚至比她的兒子更年輕，來說明她永遠是一位貞潔的女性，因為當初瑪利亞是未婚懷上了耶穌，而耶穌既然來到我們凡間，有了人性，在軀體上也就應該和凡人一樣，耶穌死的時候才三十三歲，所以米開朗基羅所呈現的耶穌，在形體上就是一般凡人三十出頭的樣子。

從西元十五世紀末開始進入了文藝復興的極盛時期，在這個時期有三位公認的藝術大師，甚至一直到今天，只要一提起「文藝復興」這個詞，很多人首先想到的也是這三位大師。雖然他們的個人特質和藝術風格有很大的區別，但三人有一個共同點，那就是都代表著兩百多年以來藝術發展的最高峰！

米開朗基羅的雕刻作品《聖母悼子像》，描繪了聖母瑪利亞懷抱被釘死的耶穌時，既悲痛又平靜的樣子。

文藝復興三傑

達文西

達文西（西元一四五二～一五一九年）對自己的定位是畫家，歷史上也普遍將他視之為畫家，但如前所述，達文西實際上是一位多才多藝的人，絕對符合「全才」這樣的美稱，從他所留下豐富的素描作品，我們可以略窺他興趣之廣泛以及知識之淵博。

達文西享年六十七歲，《岩窟聖母》、《最後的晚餐》及《蒙娜麗莎的微笑》，這三幅畫作是他一生的三大傑作。

《岩窟聖母》。此為現藏於羅浮宮的版本。

《最後的晚餐》之中使用高超的透視等繪畫技巧，被視為文藝復興極盛時期的起點。

《蒙娜麗莎的微笑》中，清晰可見的五官、背景的運用，顯示出文藝復興時代繪畫技巧的提升與轉變。

拉斐爾

拉菲爾（西元一四八三～一五二〇年）可以說是文藝復興時代最傑出的畫家，他的父親是烏爾比諾公爵的宮廷畫師，烏爾比諾是當時義大利北部的文藝中心之一。他七歲喪母，十一歲喪父，後由繼母和一位教士叔叔撫養，從小就展露出在繪畫上非凡的天分，十七歲時就已青出於藍，超越了自己的老師。此時由於達文西和米開朗基羅都在佛羅倫斯，於是拉菲爾在二十一歲那年也來到佛羅倫斯，除了向達文西、米開朗基羅等名家學習之外，也用心觀摩其他許多名家的作品。

四年後，年輕的拉斐爾被羅馬教宗聘為教廷畫師，負責裝飾梵蒂岡宮的某些大廳，他的代表作《聖禮的辯論》和《雅典學院》兩幅壁畫，就是畫在梵蒂岡宮一個大廳相對的兩面牆壁上，被後世譽為是充滿了基督教人文主義精神的作品。

拉斐爾的壽命不長，在羅馬過世的時候年僅三十七歲。

畫風清秀優美的拉斐爾，被譽為文藝復興時代最傑出的畫家。

文藝復興時代，以繪畫天才聞名的拉斐爾的作品《聖禮的辯論》。

《雅典學院》亦為拉斐爾的作品，他將不同時期的重要人物全都集中在一個空間，據說，他也將他自己畫在這幅畫裡頭。

米開朗基羅

在這三位藝術大師當中，米開朗基羅（西元一四七五～一五六四年）的年齡居中，他比拉菲爾年長八歲，比達文西小二十三歲，是三人中最長壽的，享年八十九歲。

米開朗基羅雖然自稱雕刻家，認為雕刻才是藝術的最高境界，事實上他的雕刻作品也確實是一枝獨秀，文藝復興極盛時期的雕刻藝術，實際上就是他一個人的成就，譬如我們在前面提到的《聖母悼子像》，還有《大衛像》，都是他的傳世名作，可其實他在繪畫上的成就一點也不亞於雕刻，在畫壇可以與達文西、拉菲爾鼎足而立。

無論是繪畫或雕刻，米開朗基羅最突出的風格就是，所有的人物都具有強壯的身體和深思的表情，同時外表的動作和內心的思想也總能相互配合，使他的人物總是栩栩如生、極具生氣。

《聖家庭與聖約翰》為米開朗基羅的經典畫作之一。

畫作《聖家庭與聖約翰》，以及畫在梵蒂岡西斯汀教堂天花板的《創世紀》和正面牆壁上的《最後的審判》，都是米開朗基羅在繪畫上的代表作。

米開朗基羅同時還是一位建築師和詩人，他的情詩近似但丁那種超然的風格，又有柏拉圖的思想，是文藝復興時代方言文學的代表作家之一。

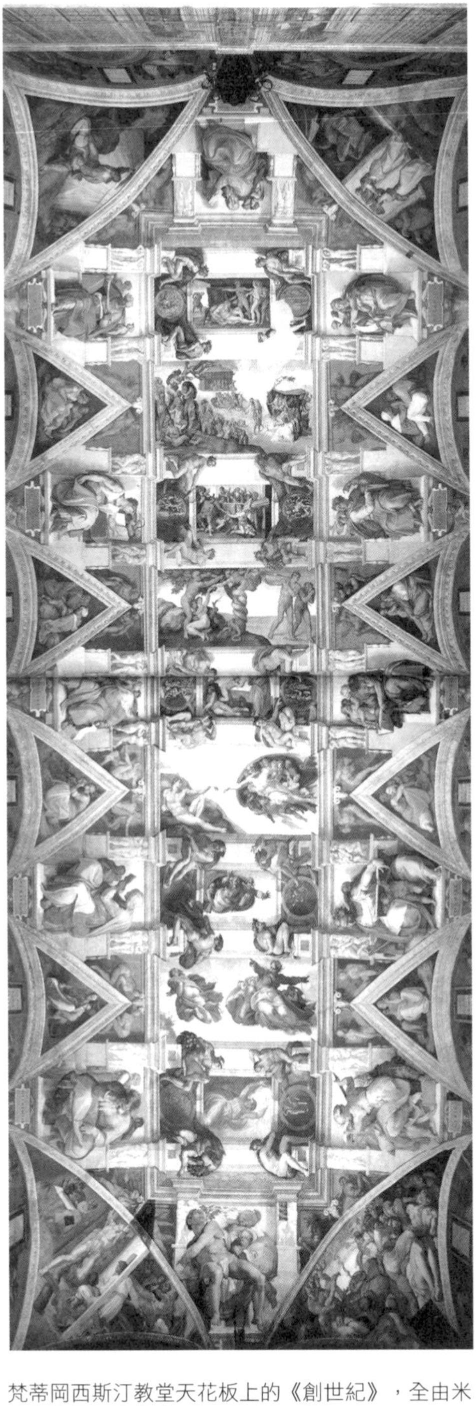

梵蒂岡西斯汀教堂天花板上的《創世紀》，全由米開朗基羅一人完成。

第六章　日本進入新時代

在結束西方文藝復興時代、同時結束中古世紀之前，讓我們也了解一下東方的日本。

影響現代史甚巨的日本，從西元十六世紀下半葉、也就是宗教革命之後，歷經戰國時代末期數十年的分合和現代化，進入了新時代。

1 在中古世紀以前的日本

日本位於亞歐大陸東部、太平洋西北部，包括北海道、本州、四國、九州四個大島，和其他六千八百多個小島，因此也被稱為「千島之國」。日本的東部和南部臨太平洋，西臨日本海、東海，北接鄂霍次克海，隔海分別和朝鮮半島、中國、俄羅斯、菲律賓等相望。

日本列島上的人類歷史，可追溯到西元三萬年前至十萬年前。大約在西元前一萬兩千年，因最近一次冰河時期結束，大地急劇溫暖化，日本列島就此從舊石器時代進入新石器時代。

在日本神話中，太陽神天照大神後裔，神武天皇於西元前六六〇年建立日本國（比羅馬建城晚了近一個世紀）。按歷史上的記載，在西元二世紀後半期（此時中國是東漢，西方是羅馬帝國），各個小國之間征戰不休，直到西元三世紀中葉（在中國是三國時期，西方即將進入羅馬帝國後期），境內出現了「大和國」，後來經過長期的

天照大神（位於圖片中央）是日本神祇、天的統治者。根據神道教的說法，日本天皇與皇室為其後裔。

擴張，他們逐漸征服了日本中部大部分地方。

「大和國」是日本古代的奴隸制國家，持續至西元七世紀，其首領最初稱為「大王」，後來改稱「天皇」。國號從「大和」改為「日本」，就是在這個時期。

西元七世紀中葉（西元六四五年，大化元年），日本向中國的唐朝（當時是唐太宗在位晚期）學習政治和經濟體制，進行「大化革新」，廢除了大貴族壟斷政權的體制，成立了古代中央集權國家，為社會帶來了巨大的變革，在日本歷史上具有非常重要的意義。

到了西元十二世紀後期（在中國是南宋，在西方，西羅馬帝國已經亡了六百多年，差不多是第二次和第三次十字軍東征的時候），天皇皇權旁落，進入幕府統治的時代。

幕府時代

「幕府」是日本古代的一種權力機構，曾經一度是凌駕於天皇之上的中央政府機構，最高權力者為「征夷大將軍」，亦稱為「幕府將軍」，常常以「挾天子以令諸侯」的方式來進行對國家的統治。

「乙巳之變」之後舊政權被推翻，新朝代開始了大化革新，日本向唐代學習典章制度與文化思想，開啟日本古代的中央集權。

鎌倉幕府為第一個幕府政權，圖中是初代征夷大將軍源賴朝。

日本幕府時代從西元一一九二至一八六七年，長達六百七十五年。在這麼長的時期裡，天皇的權威基本上喪失，國家主要是由武士階級掌握政權，實行軍事封建統治。當日本幕府時期結束的時候，在中國已進入清末，正值同治皇帝在位時期，晚清實際的統治者慈禧太后已經開始掌權了。

2 日本戰國三傑

日本戰國時代始於西元十五世紀中葉，至西元十六世紀末、十七世紀初才結束，為期大約一個半世紀。

在西元十六世紀初，諸侯之間的內戰導致日本四分五裂，強大的軍事領袖決心要重組和統一日本。當時地域武士中實力最強的織田信長（西元一五三四～一五八二年）就是在這樣的情況之下崛起，他二十六歲那年就在一場大戰（「桶狹間合戰」）中力克對手，一戰成名、威震全國，然後透過「擁護京都的室町幕府末代將軍」的方式，逐漸控制了京都，之後就正式提出「**天下布武**」的行動綱領，將統一全日本做為目標。

天下布武——「天下布武」，過去很多人會按照字面的解釋，認為是「以武力取得天下」的意思，但近年來的研究，則普遍傾向解釋成「以武家的政權來支配天下」。

「桶狹間合戰」是日本戰國時代重要的戰爭，織田信長在此役中擊潰對手今川義元，奠定統治基礎。

織田信長為日本戰國時代重要的代表人物，與德川家康、豐臣秀吉並稱「日本戰國三傑」。

◆差一步就一統天下的戰國英雄：織田信長

織田信長是一位傑出的將領，又懂得如何大量使用火槍，大大提高了自己軍隊的戰鬥力。他先後兩次大破「信長包圍網」（這是其他十幾個有分量的武士，聯合起來討伐他的軍事聯盟，戰場約涉及半個日本），接下來就這樣將各個對手逐個擊破，終於掌握了一大半的日本領土。

此外，織田信長還實行兵農分離政策、鼓勵自由貿易、整頓交通路線等諸多革新政策，開拓了日本近代化的道路。織田信長步步為營，逐漸成功控制了以近畿地方為主（今京都、神戶、大阪一帶，俗稱「關西」地區）的政治文化核心地帶，使「織田氏」成為日本戰國時代中晚期最強大的「大名」（日本古代封建制度之下對領主的稱呼）。

西元一五八二年，織田信長在付出了十四年的苦心經營之後，終於推翻了在名義上管治日本超過兩百年的室町幕府，眼看著持續了一百多年的戰國亂世即將宣告終結，這年織田信長四十八歲。

不料，就在即將一統全國的前夕，織田信長在京都本能寺，因遭心腹家臣明智光秀（西元一五二八～一五八二年）謀反而自殺，史稱「本能寺之變」，是日本史上最大也最有名的一次政變，可以說日本的歷史就此改寫。織田信長是日本歷史上第一位重要的改革家，本能寺內至今仍立有他的紀念碑。

明智光秀掌權還不到半個月，織田信長其他幾位重要的家臣，包括羽柴秀吉（西元一五三七～一五九八年）在內，紛紛帶兵趕來，勢單力薄的明智光秀毫不意外很快就被擊潰，他短命的政權日後被稱為「三日天下」。

織田信長的接班人：豐臣秀吉

接下來，羽柴秀吉在織田氏眾多家臣的內鬥中勝出，成為織田信長實質的接班人，經過數年的征戰，逐步統一了日本。西元一五八五年，時年四十八歲的羽柴秀吉擔任「關白（相當於中國古代的丞相）」，後擔任「太政大臣（這是非常設官職，負責輔佐天皇、總理國政）」，權力更大，獲賜氏姓「豐臣氏」，從此羽柴秀吉便成為「豐臣秀吉」了。

織田信長的家臣明智光秀叛變，織田信長不敵明治光秀，遂自盡於本能寺，世稱「本能寺之變」。

織田信長自盡後，諸家臣中崛起的豐臣秀吉成為實質的統治者。

豐臣秀吉建立了新的封建體制，獎勵新興工商業，扶植城市的發展，和織田信長一樣實行兵農分離，使武士集中居住在城市。與此同時，豐臣秀吉也不斷擴大自己的勢力，至西元十六世紀末，他已是全日本最有權勢的人。

在日本歷史上有一個名詞，叫做「安土桃山時代」，又稱為「織豐時代」，從西元一五七三（或一五六八）至一六〇三年，就是指織田信長與豐臣秀吉稱霸日本的時代，在這個時期，日本開始了現代化。

豐臣秀吉不少政策都具有劃時代的意義，對日本社會從中世紀封建社會走向近代「**幕藩體制**」，有一定的貢獻。不過，在宗教方面，原本在西元十六世紀中葉、葡萄牙商人來到日本之後，耶穌會傳教士隨後也來到日本傳教，當時還頗受掌權者的歡迎，因為與這些西方傳教士的交流，使大家的思想和物質都有了不少變化，但是豐臣秀吉為了保護佛教寺院，壓制天主教的傳布、迫害傳教士，首開日後「禁教鎖國」的先河。

豐臣秀吉的目標，是想要建立稱霸亞洲的大日本帝國，為此，他曾發兵侵略朝鮮，後來是由於中國的干預才被迫從朝鮮撤軍。豐臣秀吉掌權十餘年，前期表現得很不錯，但後期漸漸變得昏庸多疑。西元一五九八年，豐臣秀吉病逝，享年六十一歲。

幕藩體制——「幕藩體制」是德川家康在西元十七世紀所建立的一套封建制度，由幕府和藩國共同來統治國家；幕府統治著全國各地的藩國，而各藩國的統治者是大名，效忠於幕府。大名仍擁有很大的獨立性，可以在自己的領地上擁有行政、司法、軍事和稅收等權利，在這樣的體制之下，幕府是全國最高的政權機關，而將軍是日本最高的統治者。

戰國結束，江戶時代開始

豐臣秀吉一死，他的家臣立即分裂，兩年後，時年五十七歲的德川家康（西元一五四三～一六一六年）取得了勝利。三年後（西元一六〇三年），德川家康受封為「征夷大將軍」，在江戶開創幕府。

十一年後，德川家康花了兩年的時間，徹底滅了所有的敵對勢力，江戶幕府統治體制從此十分穩固，日本進入了和平時期，戰國時代結束，而在大功告成的翌年，德川家康就過世了，享年七十三歲。

織田信長、豐臣秀吉和德川家康被合稱為「日本戰國三傑」，他們都是日本歷史上，出類拔萃的政治家和軍事家。

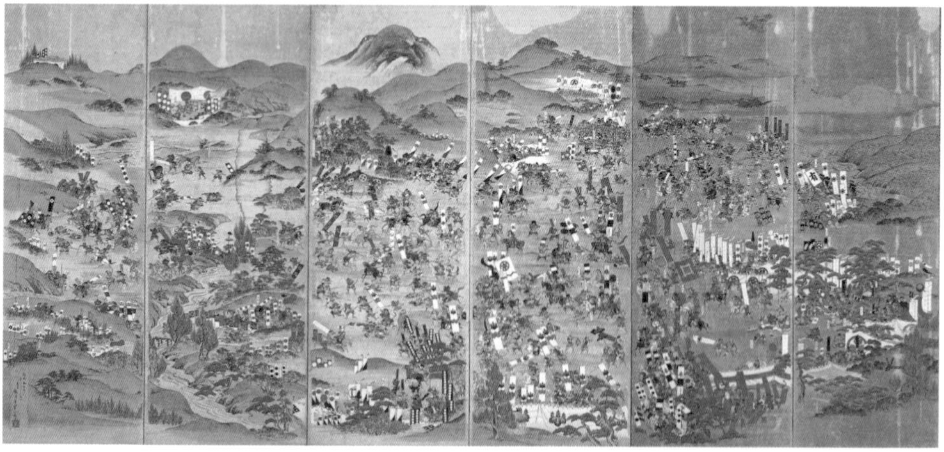

「關原之戰」被形容為決定天下的戰役，戰後，獲得勝利的德川家康開啟了江戶幕府時代。圖為描繪「關原之戰」的屏風。

開創江戶幕府的德川家康。

後記

對世界的認識

管家琪

想起一件哭笑不得的事。當年大兒子東東還在上幼稚園的時候，一天帶他去美術館看展覽，當他聽到「拉斐爾」、「米開朗基羅」的名字時，倍感親切，非常驚喜的說：「咦，跟忍者龜同名耶！」

當時，「忍者龜」是他最喜歡的卡通……

讀完這卷《文藝復興時代》，你一定就知道其實是忍者龜的創作者借用了拉斐爾和米開朗基羅的大名，他們兩位都是生活在五百多年以前、文藝復興時代極其優秀的藝術家，和「天才中的天才」達文西是屬於同一個時期的人。

從歷史的角度來看，文藝復興這段時期實在是太精采、太重要了，藝術上的發達還只是其一，誠如我們在第一章開宗明義解釋「什麼是文藝復興」時所說，文藝復興是歐洲文化史上一個特定的時代，不僅僅是「文藝」的「復興」，還是人類理性和品格的普遍覺醒，是「現代」的開始，更從此拓展了世界的格局，想想看，宗教改革、地理大發現，都發生在這個時代！

歷史總是不斷交織、密切相關的，小至我們個人，凡是發生在我們身上任何一件事都不可能是單獨而存在，發生之前，必然有其背景因素，發生之後也必然會影響到我們今後的生活與命運；大至一個國家民族、甚至是關乎整體人類的事件，無論是成因或是所造成的影響，就更是深遠了。

比方說，地理大發現改變了人們對「世界」的概念和格局，在此之前，地球上不同區域的人們幾乎都是在自己所處的環境裡，發展自己的文化，這個時候他們所看到、所知道的「世界」，就是他們自己的那個區域，可是在地理大發現之後，人們更加證實在自己的世界之外，果真還有別人的世界！

世界的格局，一下子就改變了。

而像地理大發現這樣如此重大的變化，和宗教改革有關係嗎？當然有關係，因為在宗教改革以後，教育明顯變得比較發達，而知識的進步當然對於地理大發現就產生了更大的推動（請注意，是「產生更大的推動」，並不是說地理大發現是在宗教改革之後，因為宗教改革發生在西元十六世紀初，而地理大發現是從十五世紀就開始了，而且中國的鄭和進展得更早，比西方航海家要早了好幾十年）。

地理大發現之後，由於文化交流比以往方便許多，回過頭來又刺激了文明的進步……

難怪會有「讀萬卷書，行萬里路」這樣的說法，教育總是應該在行動之前，同時，世上也唯有教育和行動能改變我們對世界的認識。

參考書目

1 《世界通史》，王曾才／著，三民書局出版，二〇一八年五月增訂二版。

2 《寫給年輕人的簡明世界史》，宮布利希／著，張榮昌／譯，商周出版，二〇一八年三月二版。

3 《BBC 世界史》，安德魯．馬爾／著，邢科、汪輝／譯，遠足文化出版，二〇一八年九月二版。

4 《世界史是走出來的》，島崎晉／著，黃建育／譯，商周出版，二〇一七年五月初版。

5 《世界史年表》，李光欣／編，漢宇國際文化出版，二〇一五年八月初版。

6 《西洋通史》，王德昭／著，商務印書館出版，二〇一七年五月初版。

7 《西洋上古史》，劉增泉／著，五南圖書出版，二〇一五年八月初版。

8 《從黎明到衰頹》上、下冊，巴森／著，鄭明萱／譯，貓頭鷹出版，二〇一八年二月四版。

9 《西洋中古史》，王任光／編著，國立編譯館出版，二〇〇〇年八月初版。

10 《文藝復興時代》，王任光／著，稻鄉出版，二〇〇二年十一月初版。

11 《西洋近世史》，王曾才／編著，正中書局出版，二〇一二年四月三版。

12 《西洋現代史》，王曾才／著，東華書局出版，二〇一三年六月七版。

13 《西洋現代史》，羅伯特・帕克斯頓、朱莉・何偉／著，陳美君、陳美如／譯，聖智學習亞洲私人有限公司台灣分公司出版，二〇一六年十一月初版。

14 《影響世界歷史 100 位名人》，麥克．哈特／著，趙梅等／譯，晨星出版，二〇〇〇年十二月初版。

15 《中國通史》上、下冊，傅樂成／編著，大中國圖書出版，二〇一一年十月三十七版。

16 《中國近代史》，薛化元／編著，三民書局出版，二〇一八年二月增訂七版。

17 《中國現代史》，薛化元、李福鐘、潘光哲／編著，三民書局出版，二〇一六年二月增訂五版。

馬基維利 Machiavelli

馬雅文化 Maya civilization

馬摩拉海 Sea of Marmara

十一畫

教宗尼古拉斯五世 Pope Nicholas V

教宗西斯督四世 Pope Sixtus VI

教宗克雷芒五世 Pope Clement V

教宗克雷芒七世 Pope Clement VII

教宗利奧十世 Pope Leo X

教宗保祿三世 Pope Paul III

教宗格列哥里十一世
Pope Gregorius XI

教宗馬丁五世 Pope Martin V

都鐸王朝 House of Tudor

麥哲倫海峽 Strait of Magellan

十二畫

傑拉德・格魯特 Gerard Groote

鄂圖大帝 Otto the Great

鄂圖曼帝國／奧斯曼帝國
Ottoman Empire

雅各・布克哈特 Jacob Burckhardt

十三畫

奧斯曼一世 Osman I

聖禮制度 sacramental system

十四畫

演繹法 Deduction

蜘蛛路易 Louis the Spider

十七畫

薄伽丘 Giovanni Boccaccio

十九畫

羅耀拉 Ignatius Loyola

二十二畫

贖罪券 indulgence

專有名詞中英對照

三畫

士林哲學 Scholastic Philosophy

大女士 Madame Ia Grande

四畫

天主的廟堂 The House of God

日耳曼王魯道夫一世
Rudolf I of Germany

巴菲翁 Baphaeon

巴塞爾大學 University of Basel

文藝復興 Renaissance

五畫

世界一家 The one world

主教座堂 cathedral

《古騰堡聖經》Gutenberg Bible

瓦特林島 Watling Island

六畫

好的統治 good governance

好望角 Cape of Good Hope

艾克哈特大師 Meister Eckhart

艾福特大學 University of Erfurt

血腥瑪麗 Bloody Mary

西化 westernization

西斯汀教堂 Sistine Chapel

七畫

君士坦丁大帝 Constantine the Great

那不勒斯女王喬安娜一世
Joanna I of Naples

利木森 Limousin

改革 reformare

沃克呂斯 Vaucluse

八畫

事功 good works

亞高 Aargau

佩脫拉克 Francesco Petrarch

宗教改革 Reformation

明智的羅伯 Robert the Wise

法王查理四世 Charles IV of France

法王查理七世 Charles VII of France

法王查理八世 Charles VIII of France

法王腓力四世 Philip IV of France

法王腓力六世 Philip VI of France

法王路易十一 Louis XI of France

阿爾河 Aare

玫瑰戰爭／薔薇戰爭 Wars of the Roses

近代化 modernization

《非洲》（詩集）Africa

九畫

哈布斯堡 Hapsburg

威登堡大學 University of Wittenberg

星法院 Court of Star Chamber

科日可德 Calicut

英王伊莉莎白一世 Elizabeth I of England

英王亨利五世 Henry V of England

英王亨利六世 Henry VI of England

英王亨利七世 Henry VII of England

英王亨利八世 Henry VIII of England

英王理查三世 Richard III of England

英王愛德華三世 Edward III of England

英王愛德華六世 Edward VI of England

英王瑪麗一世 Mary I of England

重興 revival

十畫

特倫特 Trent

神聖羅馬帝國皇帝查理五世
Emperor Charles V of Holy Roman Empire

神聖羅馬帝國皇帝馬克西米連一世
Emperor Maximilian I of Holy Roman Empire

神聖羅馬帝國皇帝腓特烈二世
Emperor Frederick II of Holy Roman Empire

起飛點 take-off point

馬丁路德 Martin Luther

XBLH0006
少年愛讀世界史 卷 6
文藝復興時代 米開朗基羅的時代

作者｜管家琪

字畝文化創意有限公司
社長｜馮季眉　編輯總監｜周惠玲　編輯｜戴鈺娟、徐子茹、許雅筑、陳曉慈　行銷編輯｜洪絹
全套資料顧問｜劉伯理　歷史學習單元撰文｜曹若梅　特約圖片編輯｜陳珮萱、楊正賢
人物漫畫｜劉 婷　地圖繪製｜廖于涵　美術設計｜黃子欽　封面設計｜ Joe Huang

讀書共和國出版集團
社長｜郭重興　發行人兼出版總監｜曾大福
業務平臺總經理｜李雪麗　業務平臺副總經理｜李復民
實體通路協理｜林詩富　網路暨海外通路協理｜張鑫鋒　特販通路協理｜陳綺瑩
印務經理｜黃禮賢　印務主任｜李孟儒

發行｜遠足文化事業股份有限公司
地址｜ 231 新北市新店區民權路 108-2 號 9 樓
電話｜ (02)2218-1417　傳真｜ (02)8667-1065
電子信箱｜ service@bookrep.com.tw　網址｜ www.bookrep.com.tw

法律顧問｜華洋法律事務所　蘇文生律師
製版｜軒承彩色印刷製版公司　印製｜通南彩色印刷公司

2021 年 7 月　初版一刷　定價：420 元
書號：XBLH0006
ISBN：978-986-5505-64-6

特別聲明：有關本書中的言論內容，不代表本公司
／出版集團之立場與意見，文責由作者自行承擔。

國家圖書館出版品預行編目 (CIP) 資料
少年愛讀世界史．卷 6, 文藝復興時代：米開朗基羅的時代 / 管家琪著．-- 初版．-- 新北市：字畝文化出版：遠足文化事業股份有限公司發行, 2021.07
面；　公分
ISBN 978-986-5505-64-6(平裝)
1. 世界史 2. 通俗作品
711　　110004198